JN412990

수준별 업그레이드

왕초보 일단어

수준별 업그레이드

왕초보 일단어

초판 1쇄 인쇄 | 2013년 01월 10일
초판 1쇄 발행 | 2013년 01월 15일
저자 | 정선영
발행처 | 도서출판 새희망
발행인 | 조병훈
등록번호 | 제38-2003-00076호
주소 | 서울시 동대문구 제기동 1157-3
전화 | 02-923-6718 **팩스** | 02-923-6719
ISBN 978-89-90811-43-1   10730

■ 정가는 뒤표지에 있습니다.

수준별
업그레이드

왕초보

일단어

정선영 지음

새희망

모든 외국어에 있어서 기본 중의 기본은 바로 단어일 것입니다. 물론 단어 외에도 꼭 알아야 될 것들은 많습니다. 문법도 중요하고 문형도 중요하고 한자도 중요합니다. 그렇지만, 진정한 외국어 실력은 얼마나 다양하고 많은 단어가 머릿속에 내장되어 있는가에 좌우된다고 할 수 있습니다. 그래서 외국어를 공부하는 사람들은 자투리 시간을 이용하여 단어 암기에 몰입하고 있습니다.

기본적인 문법을 밑바탕에 깔고 그 사이사이로, 그 위로 차곡차곡 쌓아나가는 것이 바로 단어인 것입니다. 이러한 이유들로 인해 단어량이 얼마나 중요한지 알고는 있지만 무작정 그 수많은 단어들을 다 암기해 나간다는 것은 현실적으로 불가능한 일입니다. 그래서, 대부분의 외국어 학습자들은 목표를 세우고 그 목표를 향해 단어를 학습해 나갑니다.

이 단어장은 일본어 공부를 막 시작한 왕초보 학습자들이 공부하기에 딱 좋습니다. 단어의 난이도에 따라 3단계로 나뉘어져 있기 때문입니다. 첫 1단계는 일본어 문자를 익히고 간단한 기초문법을 공부한 학습자들을 위한 일본어 입문용 단어들을 모아놓았습니다. 2단계는 1단계보다 단어수도 많고 약간 난이도도 있지만 꼭 알아두어야 할 기본 단어들, 3단계는 외국어 공부의 핵심인 어휘량을 늘릴 수 있는 중급 수준의 단어들입니다.

또 하나의 특징으로는, 히라가나와 가타카나를 따로 분류하여 수록한 점입니다. 가타카나는 거의 대부분이 외래어이기 때문에 히라가나와는 구별하여 공부하는 것이 학습효과를 높일 수 있는 길이라고 생각합니다. 그리고 단어를 공부할 때 단어의 뜻만 암기해서는 머릿속에 입력되기가 힘들고 또한, 입력되었다 하더라도 금세 잊어버리기 때문에, 단어의 뜻을 좀 더 쉽게 이해할 수 있도록 예문을 함께 실었습니다. 예문 또한 최대한 짧고 간결한 문장을 구성하여 몇 번 반복하여 읽음으로 인해 자연스럽게 외워질 수 있도록 하였습니다.

단어와 예문으로 단어 공부를 해 나가다 보면 부딪치게 되는 것이 바로 제대로 단어를 암기했는가 하는 불안감입니다. 이 불안감을 해소시켜 주는 것이 바로 '단어 테스트'입니다. 각 단계가 끝난 시점에 수록해 놓았기 때문에, 한 단계의 단어 공부가 끝나면 자연스럽게 단어에 대한 평가를 할 수 있습니다. 문제 유형을 히라가나, 가타카나, 한자, 예문의 4가지로 빠짐없이 세분화하여, 어느 한쪽으로 치우치지 않고 골고루 평가해 볼 수 있는 문제를 출제하였습니다.

아무쪼록 이 책을 공부하는 학습자들이 일본어 단어를 공부해 나가는 것에 대한 두려움이나 부담이 사라져 버리기를 바랍니다. 좀 더 쉽게, 좀 더 효율적으로 단어를 공부해 나가기를 바랍니다. 또한, 어학 공부는 그 끝이 안 보일 정도로 길고 고되고 지루하지만 도중에 포기하지 않고 끝까지 꾸준히 공부를 계속해 나갈 수 있기를 바랍니다.

이 책의 특징

1. 일본어 왕초보들을 위한 단계별 단어

일본어 공부를 막 시작하려고 하는 왕초보 학습자들을 최대한 배려하여 입문과 기초 수준의 1단계, 초급 수준의 2단계, 중급 수준의 3단계, 이렇게 단어의 난이도에 따라 단어를 3단계로 구분하여 수록하였습니다. 일본어 공부를 시작하는 초보자들도 부담 없이 기초 단어부터 시작하여 초급을 거쳐 중급에 이르기까지 차근차근 실력을 쌓아나갈 수 있습니다.

2. 짧고 간결하며 실용적인 예문

각 단어의 뜻을 좀 더 쉽게 이해할 수 있도록 예문을 실었습니다. 일상생활에서 많이 쓰이는 표현들로 구성하여 바로 회화에서 활용할 수 있도록 하였습니다. 무엇보다도 예문 속에 수식어들을 최대한 배제하여 짧고 간결하게 되어 있으므로, 반복하여 읽으면서 외울 수도 있습니다.

3. 단계별 마무리 학습이 되는 단어 테스트

각 단계별 단어 공부를 끝마친 후에 학습자 스스로 단어에 대한 학습 성과를 평가해 볼 수 있는 단어 테스트를 수록하였습니다. 히라가나와 가타카나, 한자에 이르기까지 골고루 실력을 체크해 볼 수 있도록 구성하였습니다.

4. 모든 단어에 표시되어 있는 우리말 발음

히라가나, 가타카나, 한자 등 제시되어 있는 모든 단어에 우리말로 발음을 표시하였습니다. 또한, 일본어에 가장 가까운 발음을 우리말로 표기한 것이므로 일본어 초보자들도 어렵지 않게 일본어 단어를 공부할 수 있을 것입니다.

5. 한 손에 잡히는 포켓 사이즈

언제 어디서든 부담 없이 꺼내어 공부할 수 있도록 한 손에 잡히는 포켓형으로 제작하였습니다. 회사 출퇴근, 학교 통학, 버스나 전철 등을 기다릴 때 등등 어떠한 다양한 상황에서도 책을 펼치고 공부할 수 있는 장점이 있습니다. 자칫하면 그냥 버릴 수 있는 자투리 시간을 유용하게 활용하여 일본어 단어를 마스터할 수 있도록 하였습니다.

차 례

1장

왕초보 탈출

1단계

일본어 공부를 막 시작한 분들을 위한 완전 기초 단어

あ

■ **あう** 会う   동 **만나다**

아우

道で偶然先生に会いました。

길에서 우연히 선생님을 만났습니다.

■ **あおい** 青い   い형 **파랗다**

아오이

青い空がとてもきれいです。

파란 하늘이 너무 예쁩니다.

■ **あかい** 赤い   い형 **빨갛다**

아까이

赤いばらの花を送りました。

빨간 장미꽃을 보냈습니다.

■ **あかるい** 明るい   い형 **밝다**

아까루이

スタンドをつけたら、もっと明るいです。

스탠드를 켰더니, 더 밝습니다.

■ **あき** 秋   명 **가을**

아끼

いちばん好きな季節は秋です。

가장 좋아하는 계절은 가을입니다.

あ

☑ **あく** 開く　　　　　(동) 열리다

아꾸

さっきから玄関^{げんかん}のドアが開^あいています。

아까부터 현관문이 열려 있습니다.

☑ **あける** 開ける　　　(동) 열다

아께루

白^{しろ}い箱^{はこ}のふたを開^あけてください。

하얀 상자의 뚜껑을 열어 주세요.

☑ **あげる** 上げる　　　(동) 올리다

아게루

本^{ほん}を出^だして、机^{つくえ}の上^{うえ}に上^あげました。

책을 꺼내어 책상 위에 올렸습니다.

☑ **あさ** 朝　　　　　　(명) 아침

아사

久^{ひさ}しぶりに朝^{あさ}から雨^{あめ}が降^ふっています。

오래간만에 아침부터 비가 내리고 있습니다.

☑ **あさごはん** 朝ごはん　(명) 아침밥, 아침식사

아사고항

朝^{あさ}ごはんを食^たべて出^でかけました。

아침밥을 먹고 외출했습니다.

☑ **あさって**　　　　　(명) 모레

아삿떼

期末試験^{きまつしけん}はあさってから始^{はじ}まります。

기말시험은 모레부터 시작됩니다.

☑ **あし** 足　　　　　　　　　　图 다리

아시

あの人の足は細くて長いです。

저 사람의 다리는 가늘고 깁니다.

☑ **あした** 明日　　　　　　　图 내일

아시따

明日までレポートを出してください。

내일까지 리포트를 내 주세요.

☑ **あそぶ** 遊ぶ　　　　　　　图 놀다

아소부

公園で友だちと遊びたいです。

공원에서 친구와 놀고 싶습니다.

☑ **あたたかい** 暖かい　　　い형 (날씨, 기온 등이) 따뜻하다

아따따까이

来週からは暖かくなるそうです。

다음 주부터는 따뜻해진다고 합니다.

☑ **あたま** 頭　　　　　　　图 머리

아따마

彼は頭がよくて、成績がいいです。

그는 머리가 좋아서 성적이 좋습니다.

☑ **あたらしい** 新しい　　　い형 새롭다, 새 것이다

아따라시-

デパートで新しい眼鏡を買いました。

백화점에서 새 안경을 샀습니다.

12

あ

☑ **あつい** 暑い　　(い형) 덥다

아쯔이

今日は昨日よりもっと暑いです。

오늘은 어제보다 더 덥습니다.

☑ **あつい** 熱い　　(い형) 뜨겁다

아쯔이

熱があって、体が熱いです。

열이 있어서 몸이 뜨겁습니다.

☑ **あつい** 厚い　　(い형) 두껍다

아쯔이

兄が持っている辞書は厚いです。

형이 가지고 있는 사전은 두껍습니다.

☑ **あと** 後　　(명) 뒤, 후, 나중

아또

私の後には誰も来ていません。

내 뒤에는 아무도 와 있지 않습니다.

☑ **あなた**　　(명) 너, 당신

아나따

この大きいかばんがあなたのですか。

이 큰 가방이 당신 것입니까?

☑ **あに** 兄　　(명) 형, 오빠

아니

兄は今年から大学生になります。

오빠(형)는 올해부터 대학생이 됩니다.

13

☑ **あね** 姉 　　　　　　　　　　　（명）언니, 누나

아네

私には姉が二人います。

나에게는 언니(누나)가 2명 있습니다.

☑ **あびる** 浴びる 　　　　　　　　（동）끼얹다, 뒤집어쓰다

아비루

頭から水を浴びました。

머리에서부터 물을 뒤집어썼습니다.

☑ **あぶない** 危ない 　　　　　　（い형）위험하다, 불안하다

아부나이

ここは車が多くて危ないです。

여기는 차가 많아서 위험합니다.

☑ **あまい** 甘い 　　　　　　　　（い형）달다, 달콤하다

아마이

いちごのケーキはとても甘いです。

딸기 케이크는 매우 달콤합니다.

☑ **あまり** 　　　　　　　　　　　（부）너무, 매우

아마리

かばんがあまり重くて、肩が痛いです。

가방이 너무 무거워서 어깨가 아픕니다.

☑ **あめ** 雨 　　　　　　　　　　　（명）비

아메

雨が降る日が大好きです。

비가 내리는 날을 가장 좋아합니다.

☑ **あめ** 飴　　　　　　　명 엿

아메

子供が飴をなめています。

아이들이 엿을 핥고 있습니다.

☑ **あらう** 洗う　　　　　동 씻다

아라우

顔と手をきれいに洗いました。

얼굴과 손을 깨끗하게 씻었습니다.

☑ **ある**　　　　　　　　동 (사물이) 있다 [존재]

아루

家の前にはコンビニもあります。

집 앞에는 편의점도 있습니다.

☑ **ある**　　　　　　　　동 가지고 있다 [소유]

아루

母は高い宝石がたくさんあります。

어머니는 비싼 보석이 많이 있습니다.

☑ **あるく** 歩く　　　　　동 걷다

아루꾸

毎朝、公園の近くを歩きます。

매일 아침 공원 근처를 걷습니다.

15

い

☑ いい・よい 良い   い형 좋다

이ー・요이

今日はとても<u>いい</u>天気です。

오늘은 매우 날씨가 좋습니다.

☑ いう 言う   동 말하다

이우

大きい声で<u>言って</u>ください。

큰 목소리로 말해 주세요.

☑ いえ 家   명 집, 주택

이에

<u>家</u>が狭くて、とても不便です。

집이 좁아서 너무 불편합니다.

☑ いく・ゆく 行く   동 가다

이꾸・유꾸

弟と一緒に図書館に<u>行きます</u>。

남동생과 함께 도서관에 갑니다.

☑ いくつ   명 몇, 몇 개

이꾸쯔

帽子を<u>いくつ</u>持っていますか。

모자를 몇 개 가지고 있습니까?

☑ **いくら**　　　（명） 얼마, 어느 정도

이꾸라

あの白いシャツはいくらですか。

저 흰 셔츠는 얼마입니까?

い

☑ **いけ** 池　　　（명） 연못

이께

池の回りをゆっくり歩きます。

연못 주위를 천천히 걷습니다.

☑ **いしゃ** 医者　　　（명） 의사

이샤

彼は医者になりたがっています。

그는 의사가 되고 싶어 합니다.

☑ **いす** 椅子　　　（명） 의자

이스

この椅子は広くて楽です。

이 의자는 넓어서 편안합니다.

☑ **いそがしい** 忙しい　　　（い형） 바쁘다

이소가시ー

仕事が多くて、最近忙しいです。

일이 많아서 요즘 바쁩니다.

☑ **いたい** 痛い　　　（い형） 아프다

이따이

おなかが痛くて、薬を飲みました。

배가 아파서 약을 먹었습니다.

☑ **いちにち** 一日 　　　　　 명 하루

이찌니찌

きょう いちにち やす
今日一日は休みたいです。

오늘 하루는 쉬고 싶습니다.

☑ **いつ** 　　　　　 명 언제, 어느 때

이쯔

おじいさんはいつ帰ってきますか。

할아버지는 언제 집에 돌아옵니까?

☑ **いっしょ(に)** 一緒(に) 　 부 함께, 같이

잇쑈(니)

はは いっしょ りょうり
母と一緒に料理をしています。

엄마와 함께 요리를 하고 있습니다.

☑ **いつも** 　　　　　 부 늘, 항상, 언제나

이쯔모

ちち あさはや お
父はいつも朝早く起きます。

아버지는 항상 아침 일찍 일어납니다.

☑ **いぬ** 犬 　　　　　 명 개

이누

にわ ちい いぬ
庭には小さい犬がいます。

마당에는 작은 개가 있습니다.

☑ **いま** 今 　　　　　 명 지금

이마

いま へ や そう じ
今部屋の掃除をしています。

지금 방 청소를 하고 있습니다.

18

☑ **いみ** 意味　　　　　⑲ 의미, 뜻

이미

この単語の意味が分かりません。

이 단어의 뜻을 모르겠습니다.

☑ **いもうと** 妹　　　　　⑲ 여동생

이모-또

妹は日本語がとても上手です。

여동생은 일본어를 매우 잘합니다.

☑ **いやだ** 嫌だ　　　　　な형 싫다

이야다

たばこの煙がいちばん嫌です。

담배 연기가 가장 싫습니다.

☑ **いりぐち** 入口　　　　　⑲ 입구

이리구찌

デパートの入口はどちらにありますか。

백화점의 입구는 어느 쪽에 있습니까?

☑ **いる** 居る　　　　　⑧ (사람, 생물 등이) 있다

이루

車の中に子供が一人います。

차 안에 아이가 한 명 있습니다.

☑ **いる** 要る　　　　　⑧ 필요하다

이루

このほかに何かもっと要りますか。

이밖에 뭔가 더 필요합니까?

い

■ **いれる** 入れる   (동) 넣다, 들이다

이레루

写真は引き出しの中に入れました。

사진은 서랍 안에 넣었습니다.

■ **いろ** 色   (명) 색, 색깔

이로

この色は明るくて気に入ります。

이 색깔은 밝아서 마음에 듭니다.

■ **いろいろだ** 色々だ   (な형) 여러 가지다

이로이로다

色々な花がたくさん咲きました。

여러 가지 꽃이 많이 피었습니다.

■ **うえ** 上   (명) 위

우에

テーブルの上に新聞があります。

테이블 위에 신문이 있습니다.

■ **うしろ** 後ろ   (명) 뒤

우시로

後ろにいる人にペンを貸しました。

뒤에 있는 사람에게 펜을 빌려주었습니다.

■ **うすい** 薄い　　　(い형) 얇다

우스이

この雑誌は高いのに薄いです。

이 잡지는 비싼데도 얇습니다.

う

■ **うた** 歌　　　(명) 노래

우따

テープで歌を聞いています。

테이프로 노래를 듣고 있습니다.

■ **うたう** 歌う　　　(동) 노래하다, 노래 부르다

우따우

歌を歌うときは楽しいです。

노래를 부를 때는 즐겁습니다.

■ **うまれる** 生まれる　　　(동) 태어나다

우마레루

赤ちゃんが生まれて嬉しいです。

갓난아이가 태어나서 기쁩니다.

■ **うみ** 海　　　(명) 바다

우미

海が見えるところに住んでいます。

바다가 보이는 곳에 살고 있습니다.

■ **うる** 売る　　　(동) 팔다

우루

牛乳はスーパーで売っています。

우유는 슈퍼에서 팔고 있습니다.

21

☑ **うるさい**　〔い형〕 시끄럽다

우루사이

外で<ruby>うるさい<rt></rt></ruby>音が聞こえます。

바깥에서 시끄러운 소리가 들립니다.

☑ **うわぎ** 上着　〔명〕 상의, 겉옷

우와기

とても暑くて上着を脱ぎました。

너무 더워서 겉옷을 벗었습니다.

え

☑ **え** 絵　〔명〕 그림

에

私は絵をかくのが好きです。

나는 그림을 그리는 것을 좋아합니다.

☑ **えいが** 映画　〔명〕 영화

에—가

週末に映画を見に行きたいです。

주말에 영화를 보러 가고 싶습니다.

☑ **えいがかん** 映画館　〔명〕 극장

에—가깡

映画館の前で会いましょう。

극장 앞에서 만납시다.

☑ **えいご** 英語　　　(명) 영어

에-고

<u>英語</u>の勉強は本当に難しいです。

영어 공부는 정말 어렵습니다.

☑ **えき** 駅　　　(명) 역

에끼

ここから<u>駅</u>までは遠いですか。

여기서부터 역까지는 멉니까?

☑ **～えん** 円　　　(수) ～엔 [일본의 화폐단위]

엥

このハンバーガーはひとつ<u>三百円</u>です。

이 햄버거는 1개에 300엔입니다.

☑ **えんぴつ** 鉛筆　　　(명) 연필

엠삐쯔

必ず<u>鉛筆</u>で書いてください。

반드시 연필로 써 주세요.

☑ **おいしい**　　　(い형) 맛있다

오이시-

このサンドイッチは本当に<u>おいしい</u>です。

이 샌드위치는 정말 맛있습니다.

え
お

■ **おおい** 多い 〔い形〕많다

오-이

あの店には色々な果物が多いです。

저 가게에는 여러 가지 과일이 많습니다.

■ **おおきい** 大きい 〔い形〕크다

오-끼-

大きい箱の中に入っています。

큰 상자 안에 들어 있습니다.

■ **おおぜい** 大勢 〔명〕여러 사람, 많은 사람

오-제-

大勢の前で発表してください。

여러 사람 앞에서 발표해 주세요.

■ **おかし** お菓子 〔명〕과자

오까시

部屋でお菓子を食べています。

방에서 과자를 먹고 있습니다.

■ **おかね** お金 〔명〕돈

오까네

お金が足りなくて買えませんでした。

돈이 부족해서 살 수 없었습니다.

■ **おきる** 起きる 〔동〕일어나다

오끼루

妹は寝坊だから、遅く起きます。

여동생은 늦잠꾸러기라서 늦게 일어납니다.

☑ **おく** 置く　　(동) 두다, 놓다

오꾸

かばんは椅子の下に置きました。

가방은 의자 아래에 두었습니다.

☑ **おくさん** 奥さん　　(명) (남의) 부인

옥쌍

鈴木さんの奥さんはどなたですか。

스즈키 씨의 부인은 어느 분입니까?

お

☑ **おさけ** お酒　　(명) 술

오사께

今日はあなたとお酒が飲みたいです。

오늘은 당신과 술을 마시고 싶습니다.

☑ **おさら** お皿　　(명) 접시

오사라

あそこにあるお皿を取ってください。

저기 있는 접시 좀 집어 주세요.

☑ **おじいさん**　　(명) 할아버지

오지-상

おじいさんは田舎に住んでいます。

할아버지는 시골에 살고 있습니다.

☑ **おしえる** 教える　　(동) 가르치다

오시에루

弟に数字を教えてあげました。

남동생에게 숫자를 가르쳐 주었습니다.

☑ **おす** 押す　　　　　　⑧ 밀다, 누르다

오스

強く押したら、扉が開きました。

세게 밀었더니, 대문이 열렸습니다.

☑ **おそい** 遅い　　　　　　い형 늦다, 느리다

오소이

父はいつも帰りが遅いです。

아버지는 늘 귀가가 늦습니다.

☑ **おちゃ** お茶　　　　　　⑲ 차

오쨔

温かいお茶を飲みましょうか。

따뜻한 차를 마실까요?

☑ **おてあらい** お手洗い　　⑲ 화장실

오떼아라이

お手洗いはどちらにありますか。

화장실은 어느 쪽에 있습니까?

☑ **おとうと** 弟　　　　　　⑲ 남동생

오또-또

弟の性格は明るい方です。

남동생의 성격은 밝은 편입니다.

☑ **おとこのこ** 男の子　　⑲ 남자아이

오또꼬노꼬

ほとんどの男の子は腕白です。

대부분의 남자아이는 개구쟁이입니다.

■ **おととい** 명 그저께

오또또이

<u>おととい</u>、デパートへ行ってきました。

그저께 백화점에 갔다 왔습니다.

■ **おととし** 명 재작년

오또또시

<u>おととし</u>の冬、事故にあいました。

재작년 겨울에 사고를 당했습니다.

■ **おとな** 大人 명 어른, 성인

오또나

私も早く<u>大人</u>になりたいです。

나도 빨리 어른이 되고 싶습니다.

お

■ **おなか** お腹 명 배, 복부

오나까

<u>お腹</u>が減って、何でも食べたいです。

배가 고파서 무엇이든 먹고 싶습니다.

■ **おなじだ** 同じだ な형 똑같다, 동일하다

오나지다

私の意見も彼と<u>同じ</u>です。

내 의견도 그와 똑같습니다.

■ **おばあさん** 명 할머니

오바ー상

<u>おばあさん</u>のうちへ遊びに行きます。

할머니 집에 놀러 갑니다.

☑ **おふろ** お風呂　　　　　　 명 욕조, 목욕

오후로

さきにお風呂に入ってもいいですか。

먼저 목욕하러 들어가도 될까요?

☑ **おべんとう** お弁当　　　　 명 도시락

오벤또-

おいしいお弁当を作ってあげます。

맛있는 도시락을 만들어 주겠습니다.

☑ **おぼえる** 覚える　　　　 동 기억하다, 외우다

오보에루

単語を覚えるのは難しいです。

단어를 외우는 것은 어렵습니다.

☑ **おもい** 重い　　　　　　 い형 무겁다

오모이

重いコンピューターを運んでいます。

무거운 컴퓨터를 옮기고 있습니다.

☑ **おもしろい** 面白い　　　 い형 재미있다

오모시로이

この小説はとても面白いです。

이 소설은 너무 재미있습니다.

☑ **およぐ** 泳ぐ　　　　　　 동 헤엄치다, 수영하다

오요구

川で泳いだことがありますか。

강에서 수영한 적이 있습니까?

☑ **おりる** 降りる 　　(동) 내리다

오리루

バスから<ruby>降<rt>お</rt></ruby>りて、<ruby>薬屋<rt>くすりや</rt></ruby>に<ruby>行<rt>い</rt></ruby>きました。

버스에서 내려 약국에 갔습니다.

☑ **おわる** 終わる 　　(동) 끝나다

오와루

もう<ruby>全部<rt>ぜんぶ</rt></ruby><ruby>終<rt>お</rt></ruby>わってしまったことです。

이제 모두 끝나 버린 일입니다.

☑ **おんがく** 音楽 　　(명) 음악

옹가꾸

<ruby>音楽<rt>おんがく</rt></ruby>を<ruby>聞<rt>き</rt></ruby>いていると、<ruby>眠<rt>ねむ</rt></ruby>いです。

음악을 듣고 있으면 졸립니다.

☑ **おんなのこ** 女の子 　　(명) 여자아이

온나노꼬

かわいい<ruby>女<rt>おんな</rt></ruby>の<ruby>子<rt>こ</rt></ruby>が<ruby>泣<rt>な</rt></ruby>いています。

귀여운 여자아이가 울고 있습니다.

☑ **がいこく** 外国 　　(명) 외국

가이꼬꾸

<ruby>外国<rt>がいこく</rt></ruby>で<ruby>暮<rt>く</rt></ruby>らしたことがあります。

외국에서 생활한 적이 있습니다.

か

☑ **がいこくじん** 外国人　　🔵명 외국인

가이꼬꾸징

<ruby>外国人<rt>がいこくじん</rt></ruby>と<ruby>会<rt>あ</rt></ruby>って、<ruby>英語<rt>えいご</rt></ruby>で<ruby>話<rt>はな</rt></ruby>します。

외국인과 만나서 영어로 이야기합니다.

☑ **かいしゃ** 会社　　🔵명 회사

카이샤

<ruby>会社<rt>かいしゃ</rt></ruby>までは<ruby>車<rt>くるま</rt></ruby>で<ruby>三十分<rt>さんじゅっぷん</rt></ruby>かかります。

회사까지는 자동차로 30분 걸립니다.

☑ **かいだん** 階段　　🔵명 계단

카이당

あちらの<ruby>階段<rt>かいだん</rt></ruby>を<ruby>利用<rt>りよう</rt></ruby>してください。

저쪽 계단을 이용해 주세요.

☑ **かいもの** 買い物　　🔵명 장 보기, 쇼핑

카이모노

<ruby>母<rt>はは</rt></ruby>と<ruby>一緒<rt>いっしょ</rt></ruby>に<ruby>買<rt>か</rt></ruby>い<ruby>物<rt>もの</rt></ruby>をしに<ruby>行<rt>い</rt></ruby>きました。

어머니와 함께 장을 보러 나갔습니다.

☑ **かう** 買う　　🔵동 사다, 구입하다

카우

<ruby>現在<rt>げんざい</rt></ruby>ベストセラーの<ruby>本<rt>ほん</rt></ruby>を<ruby>買<rt>か</rt></ruby>いました。

현재 베스트셀러인 책을 샀습니다.

☑ **かえす** 返す　　🔵동 돌려주다

카에스

<ruby>必<rt>かなら</rt></ruby>ず<ruby>月曜日<rt>げつようび</rt></ruby>には<ruby>返<rt>かえ</rt></ruby>してください。

반드시 월요일에는 돌려주세요.

☑ **かえる** 帰る　　　⑧ 돌아가다, 귀가하다

카에루

遅くなったから、うちに帰ります。

늦었으니까 집에 돌아가겠습니다.

☑ **かお** 顔　　　⑲ 얼굴

카오

顔が小さくてかわいい女の子です。

얼굴이 작고 귀여운 여자아이입니다.

☑ **かかる**　　　⑧ (시간이) 걸리다

카까루

全部終わるにはどのくらいかかりますか。

전부 끝나려면 어느 정도 걸립니까?

☑ **かぎ** 鍵　　　⑲ 열쇠

카기

鍵を無くして開けることができません。

열쇠를 잃어버려서 열 수가 없습니다.

☑ **かく** 書く　　　⑧ 쓰다

카꾸

まず、名前から書いてください。

우선, 이름부터 써 주세요.

☑ **がくせい** 学生　　　⑲ 학생

각쎄-

学生のとき、よく遅刻をしました。

학생시절에 자주 지각을 했습니다.

か

31

☑ ～かげつ か月　　🔵⑤ ～개월

카게쯔

完成するまでは三か月がかかります。

완성하기까지는 3개월이 걸립니다.

☑ かける　　🔵⑧ 걸다

카께루

先生が誰かに電話をかけます。

선생님이 누군가에게 전화를 겁니다.

☑ かさ 傘　　🔵⑲ 우산

카사

雨が降って、傘をさして歩きます。

비가 내려서 우산을 쓰고 걷습니다.

☑ かす 貸す　　🔵⑧ 빌려주다

카스

友だちにノートを貸したことがあります。

친구에게 노트를 빌려준 적이 있습니다.

☑ かぜ 風　　🔵⑲ 바람

카제

風が強く吹いて、寒く感じられます。

바람이 강하게 불어서 춥게 느껴집니다.

☑ かぜ 風邪　　🔵⑲ 감기

카제

風邪を引いて、咳が出ます。

감기에 걸려서 기침이 납니다.

■ **かぞく** 家族　　　　　(명) 가족

카조꾸

私の家族はみんな元気です。

나의 가족은 모두 건강합니다.

■ **かた** 方　　　　　(명) 분

카따

あの方が貴社の社長さんですか。

저 분이 귀사의 사장님이십니까?

か

■ **～がつ** 月　　　　　(수) ~월

가쯔

日本では四月に入学式があります。

일본에서는 4월에 입학식이 있습니다.

■ **がっこう** 学校　　　　　(명) 학교

각꼬-

毎朝、何時に学校へ行きますか。

매일 아침 몇 시에 학교에 갑니까?

■ **かてい** 家庭　　　　　(명) 가정

카떼-

私の家庭はとても穏やかです。

나의 가정은 매우 평안합니다.

■ **かど** 角　　　　　(명) 모퉁이, 모서리

카도

あの角で右に曲がってください。

저 모퉁이에서 오른쪽으로 돌아 주세요.

33

☑ かばん （명）가방

카방

<u>かばん</u>が重くて、床に降ろしました。

가방이 무거워서 바닥에 내려놓았습니다.

☑ かびん 花瓶 （명）꽃병

카빙

新しい<u>花瓶</u>に百合をさしました。

새 꽃병에 백합을 꽂았습니다.

☑ かぶる 被る （동）쓰다, 뒤집어쓰다

카부루

出かけるときはいつも帽子を<u>被ります</u>。

외출할 때는 언제나 모자를 씁니다.

☑ かみ 紙 （명）종이

카미

前にある<u>紙</u>に書いてください。

앞에 있는 종이에 써 주세요.

☑ からい 辛い （い형）맵다

카라이

この料理はどのくらい<u>辛い</u>ですか。

이 요리는 어느 정도 맵습니까?

☑ からだ 体 （명）몸, 신체

카라다

<u>体</u>が弱くて、運動をしています。

몸이 약해서 운동을 하고 있습니다.

☑ **かりる** 借りる　　(동) 빌리다

카리루

田中さんからお金を借りました。

다나카 씨한테 돈을 빌렸습니다.

☑ **かるい** 軽い　　(い형) 가볍다

카루이

このセーターは温かくて軽いです。

이 스웨터는 따뜻하고 가볍습니다.

☑ **かわ** 川・河　　(명) 강

카와

橋の下に川が流れています。

다리 밑에 강이 흐르고 있습니다.

か

☑ **～がわ** 側　　(명) ~쪽

가와

左側にある郵便局が見えますか。

왼쪽에 있는 우체국이 보입니까?

☑ **かわいい**　　(い형) 귀엽다

카와이-

くまの人形がとてもかわいいです。

곰 인형이 너무 귀엽습니다.

☑ **かんじ** 漢字　　(명) 한자

칸지

この漢字は何と読みますか。

이 한자는 뭐라고 읽습니까?

き

☑ **き** 木   명 나무

キ

庭に大きい木があります。

마당에 커다란 나무가 있습니다.

☑ **きいろい** 黄色い   い형 노랗다

キーロイ

この黄色い風船は誰のですか。

이 노란 풍선은 누구 것입니까?

☑ **きえる** 消える   동 사라지다, 없어지다

キエル

風で、ろうそくの火が消えました。

바람 때문에 촛불이 꺼졌습니다.

☑ **きく** 聞く   동 듣다

キク

どこでそんな話を聞きましたか。

어디에서 그런 이야기를 들었습니까?

☑ **きたない** 汚い   い형 더럽다, 지저분하다

キタナイ

手が汚いから、洗ってきます。

손이 지저분하니까 씻고 오겠습니다.

■ **きって** 切手 　　　명 우표

킷떼

<ruby>切手<rt>きって</rt></ruby>はどこに<ruby>貼<rt>は</rt></ruby>ればいいですか。

우표는 어디에 붙이면 됩니까?

■ **きっぷ** 切符 　　　명 표, 티켓

킷뿌

いちばん<ruby>安<rt>やす</rt></ruby>い<ruby>切符<rt>きっぷ</rt></ruby>を<ruby>買<rt>か</rt></ruby>いました。

가장 저렴한 표를 샀습니다.

■ **きのう** 昨日 　　　명 어제

키노-

<ruby>昨日<rt>きのう</rt></ruby>から<ruby>何<rt>なん</rt></ruby>にも<ruby>食<rt>た</rt></ruby>べていません。

어제부터 아무것도 먹지 않고 있습니다.

■ **ぎゅうにく** 牛肉 　　　명 소고기

규-니꾸

<ruby>牛肉<rt>ぎゅうにく</rt></ruby>は<ruby>柔<rt>やわ</rt></ruby>らかくておいしいです。

소고기는 부드럽고 맛있습니다.

■ **ぎゅうにゅう** 牛乳 　　　명 우유

규-뉴-

パンと<ruby>一緒<rt>いっしょ</rt></ruby>に<ruby>牛乳<rt>ぎゅうにゅう</rt></ruby>を<ruby>飲<rt>の</rt></ruby>みます。

빵과 함께 우유를 마십니다.

■ **きょう** 今日 　　　명 오늘

교-

<ruby>今日<rt>きょう</rt></ruby>は<ruby>私<rt>わたし</rt></ruby>が<ruby>生<rt>う</rt></ruby>まれた<ruby>日<rt>ひ</rt></ruby>です。

오늘은 내가 태어난 날입니다.

き

☑ **きょうしつ** 教室　　（명）교실

쿄-시쯔

教室の中では静かにしなさい。

교실 안에서는 조용히 하세요.

☑ **きょうだい** 兄弟　　（명）형제

쿄-다이

あの兄弟はとても仲がいいです。

저 형제는 무척 사이가 좋습니다.

☑ **きょねん** 去年　　（명）작년

쿄넹

去年の春、結婚式をあげました。

작년 봄에 결혼식을 올렸습니다.

☑ **きらいだ** 嫌いだ　　（な형）싫어하다

키라이다

いちばん嫌いな科目は数学です。

가장 싫어하는 과목은 수학입니다.

☑ **きる** 切る　　（동）자르다, 썰다

키루

にんじんは薄く切って入れます。

당근은 얇게 썰어서 넣습니다.

☑ **きる** 着る　　（동）(옷을) 입다

키루

新しいシャツを着て出かけます。

새로 산 셔츠를 입고 외출합니다.

☑ **きれいだ** 綺麗だ   な형 예쁘다, 깨끗하다

키레-다

<ruby>彼女<rt>かのじょ</rt></ruby>は<ruby>目<rt>め</rt></ruby>が<ruby>大<rt>おお</rt></ruby>きくて<ruby>綺麗<rt>きれい</rt></ruby>です。

그녀는 눈이 크고 예쁩니다.

☑ **ぎんこう** 銀行   명 은행

깅꼬-

<ruby>銀行<rt>ぎんこう</rt></ruby>の<ruby>窓口<rt>まどぐち</rt></ruby>は<ruby>何時<rt>なんじ</rt></ruby>までですか。

은행 창구는 몇 시까지입니까?

☑ **くすり** 薬   명 약

쿠스리

<ruby>薬<rt>くすり</rt></ruby>を<ruby>飲<rt>の</rt></ruby>んでも、なかなか<ruby>治<rt>なお</rt></ruby>りません。

약을 먹어도 좀처럼 낫지 않습니다.

☑ **ください** 下さい   동 주세요, 주십시오

쿠다사이

ぜひ<ruby>明日<rt>あした</rt></ruby>まで<ruby>提出<rt>ていしゅつ</rt></ruby>して<ruby>ください</ruby>。

꼭 내일까지 제출해 주세요.

☑ **くだもの** 果物   명 과일

쿠다모노

すいかは<ruby>夏<rt>なつ</rt></ruby>に<ruby>食<rt>た</rt></ruby>べる<ruby>果物<rt>くだもの</rt></ruby>です。

수박은 여름에 먹는 과일입니다.

☑ **くち** 口 　　　　　　　　🅜 입

쿠찌

<ruby>口<rt>くち</rt></ruby>を<ruby>閉<rt>と</rt></ruby>じて、<ruby>何<rt>なん</rt></ruby>にも<ruby>言<rt>い</rt></ruby>いません。

입을 다물고 아무 말도 하지 않습니다.

☑ **くつ** 靴 　　　　　　　　🅜 구두, 신발

쿠쯔

<ruby>靴<rt>くつ</rt></ruby>をはいたまま<ruby>入<rt>はい</rt></ruby>ってもいいです。

신발을 신은 채 들어가도 됩니다.

☑ **くつした** 靴下 　　　　　🅜 양말

쿠쯔시따

<ruby>靴下<rt>くつした</rt></ruby>が<ruby>汚<rt>きたな</rt></ruby>くて、とても<ruby>恥<rt>は</rt></ruby>ずかしいです。

양말이 지저분해서 너무 부끄럽습니다.

☑ **くに** 国 　　　　　　　　🅜 나라

쿠니

<ruby>国<rt>くに</rt></ruby>によって、<ruby>生活習慣<rt>せいかつしゅうかん</rt></ruby>が<ruby>違<rt>ちが</rt></ruby>います。

나라에 따라 생활습관이 다릅니다.

☑ **くもり** 曇り 　　　　　　🅜 (날이) 흐림

쿠모리

<ruby>明日<rt>あした</rt></ruby>の<ruby>天気<rt>てんき</rt></ruby>は<ruby>曇<rt>くも</rt></ruby>りだそうです。

내일 날씨는 흐림이라고 합니다.

☑ **くもる** 曇る 　　　　　　🅢 (날이) 흐리다, 흐려지다

쿠모루

<ruby>曇<rt>くも</rt></ruby>っていて、<ruby>雨<rt>あめ</rt></ruby>が<ruby>降<rt>ふ</rt></ruby>りそうです。

날이 흐려 있어서 비가 내릴 것 같습니다.

☑ **くらい** 暗い　　　　　　　（い형）**어둡다**

쿠라이

<ruby>周<rt>まわ</rt></ruby>りが<ruby>暗<rt>くら</rt></ruby>くて、<ruby>何<rt>なに</rt></ruby>も<ruby>見<rt>み</rt></ruby>えません。

주위가 어두워서 아무것도 보이지 않습니다.

☑ **～くらい・ぐらい**　　（명）**～정도**

쿠라이 · 구라이

パーティーに<ruby>二十人<rt>にじゅうにん</rt></ruby>くらい<ruby>参席<rt>さんせき</rt></ruby>します。

파티에 20명 정도 참석합니다.

☑ **くる** 来る　　　　　　　（동）**오다**

쿠루

<ruby>図書館<rt>としょかん</rt></ruby>には<ruby>何時<rt>なんじ</rt></ruby>に<ruby>来<rt>く</rt></ruby>るつもりですか。

도서관에는 몇 시에 올 생각입니까?

☑ **くるま** 車　　　　　　　（명）**차, 자동차**

쿠루마

<ruby>車<rt>くるま</rt></ruby>に<ruby>乗<rt>の</rt></ruby>って、ドライブがしたいです。

차를 타고 드라이브를 하고 싶습니다.

☑ **くろい** 黒い　　　　　　（い형）**검다, 까맣다**

쿠로이

<ruby>黒<rt>くろ</rt></ruby>いコートを<ruby>着<rt>き</rt></ruby>た<ruby>人<rt>ひと</rt></ruby>が<ruby>姉<rt>あね</rt></ruby>です。

검은 코트를 입은 사람이 언니(누나)입니다.

く

け

■ **けさ** 今朝　　　　　　　　　　　（명） 오늘 아침

케사

今朝からダイエットを始めました。

오늘 아침부터 다이어트를 시작했습니다.

■ **けす** 消す　　　　　　　　　　　（동） 끄다, 지우다

케스

重要なデータを消してしまいました。

중요한 데이터를 지우고 말았습니다.

■ **けっこうだ** 結構だ　　　　　　（な형） 훌륭하다, 괜찮다

켁꼬ー다

私には謝らなくても結構です。

나에게는 사과하지 않아도 괜찮습니다.

■ **けっこん** 結婚　　　　　　　　　（명） 결혼

켁꽁

結婚は二十七歳のときにしたいです。

결혼은 27살 때 하고 싶습니다.

■ **げんかん** 玄関　　　　　　　　　（명） 현관

겡깡

玄関の前に誰か立っています。

현관 앞에 누군가 서 있습니다.

☑ **げんきだ** 元気だ　な형 건강하다, 잘 지내다

겡끼다

病気が治って、今は元気です。

병이 나아서 지금은 건강합니다.

☑ **こうえん** 公園　명 공원

코-엥

一人で公園を散歩してきました。

혼자 공원을 산책하고 왔습니다.

☑ **こうさてん** 交差点　명 교차로, 사거리

코-사뗑

交差点で交通事故が起こりました。

교차로에서 교통사고가 일어났습니다.

☑ **こうちゃ** 紅茶　명 홍차

코-쨔

コーヒーより紅茶の方が好きですか。

커피보다 홍차 쪽을 좋아합니까?

☑ **こうばん** 交番　명 파출소

코-방

この近くに交番はありません。

이 근처에 파출소는 없습니다.

け
こ

43

☑ こえ 声　　　　　　　　（명）소리, 목소리

코에

<u>声</u>が小さくて、よく聞こえません。

목소리가 작아서 잘 들리지 않습니다.

☑ ごご 午後　　　　　　　（명）오후

고고

会議は<u>午後</u>三時から始めます。

회의는 오후 3시부터 시작하겠습니다.

☑ ごぜん 午前　　　　　　（명）오전

고젱

<u>午前</u>八時まで会社に行きます。

오전 8시까지 회사에 갑니다.

☑ こたえる 答える　　　　（동）대답하다

코따에루

学生が先生の質問に<u>答え</u>ます。

학생이 선생님의 질문에 대답합니다.

☑ ことし 今年　　　　　　（명）올해

코또시

<u>今年</u>も海外旅行に行くつもりです。

올해도 해외여행을 갈 생각입니다.

☑ ことば 言葉　　　　　　（명）언어, 말, 단어

코또바

<u>言葉</u>が難しくて理解できません。

말이 어려워서 이해할 수 없습니다.

☑ **こども** 子供　　　　(명) 아이, 자식

코도모

彼女は子供のように喜びます。

그녀는 아이처럼 기뻐합니다.

☑ **ごはん** 御飯　　　　(명) 밥

고항

ごはんとおかずを出しました。

밥과 반찬을 꺼냈습니다.

☑ **こまる** 困る　　　　(동) 곤란하다, 난처하다

코마루

時間が足りなくて困っています。

시간이 부족해서 곤란해져 있습니다.

☑ **〜さい** 歳　　　　(수) 〜살, 〜세

사이

息子は今年で十七歳になります。

아들은 올해 17살이 됩니다.

☑ **さいふ** 財布　　　　(명) 지갑

사이후

財布から千円の札を出しました。

지갑에서 1,000엔짜리 지폐를 꺼냈습니다.

さ

☑ **さかな** 魚 　　　　　　　　　　명 생선, 물고기

사까나

おかずで魚を焼いて食べます。

반찬으로 생선을 구워 먹습니다.

☑ **さき** 先 　　　　　　　　　　명 앞, 선두, 먼저

사끼

私がいちばん先に見つけました。

내가 가장 먼저 발견했습니다.

☑ **さく** 咲く 　　　　　　　　　　동 (꽃이) 피다

사꾸

綺麗な花がたくさん咲いています。

예쁜 꽃이 많이 피어 있습니다.

☑ **さくぶん** 作文 　　　　　　　　명 작문

사꾸붕

次のテーマで作文をしてください。

다음 테마로 작문을 해 주세요.

☑ **～さつ** 冊 　　　　　　　　　수 ～권

사쯔

部屋には五冊の漫画があります。

방에는 5권의 만화책이 있습니다.

☑ **ざっし** 雑誌 　　　　　　　　　명 잡지

잣씨

たまには雑誌を買って読みます。

가끔은 잡지를 사서 읽습니다.

☑ **さとう** 砂糖　　　(명) 설탕

사또-

コーヒーに砂糖は入れません。

커피에 설탕은 넣지 않습니다.

☑ **さむい** 寒い　　　(い형) 춥다

사무이

一月になって寒くなりました。

1월이 되어 추워졌습니다.

☑ **さらいねん** 再来年　　　(명) 내후년

사라이넹

再来年は大学を卒業します。

내후년에는 대학교를 졸업합니다.

☑ **~さん**　　　(접미) ~씨

상

山田さん、ありがとうございました。

야마다 씨, 고마웠습니다.

☑ **さんぽ** 散歩　　　(명) 산책

삼뽀

犬を連れて散歩をしに行きます。

개를 데리고 산책을 하러 갑니다.

さ

47

し

☑ **しお** 塩　　　　　　　　　圀 소금
시오

魚に塩をまいて焼いてください。

생선에 소금을 뿌려서 구워 주세요.

☑ **しかし**　　　　　　　圀 그러나, 하지만, 그렇지만
시까시

ペンを探しています。しかし、出てきません。

펜을 찾고 있습니다. 그러나, 나오지 않습니다.

☑ **じかん** 時間　　　　　　圀 시간
지깡

まだ時間があるから、ゆっくりしなさい。

아직 시간이 있으니까, 천천히 하세요.

☑ **しごと** 仕事　　　　　　圀 일
시고또

仕事が多くて残業をしています。

일이 많아서 야근을 하고 있습니다.

☑ **じしょ** 辞書　　　　　　圀 사전
지쇼

知らない単語は辞書で調べます。

모르는 단어는 사전으로 찾습니다.

☑ **しずかだ** 静かだ　　　(な형) 조용하다

시즈까다

図書館はとても静かでいいです。

도서관은 매우 조용해서 좋습니다.

☑ **した** 下　　　(명) 아래, 밑

시따

テーブルの下に何かありますか。

테이블 아래에 뭔가 있습니까?

☑ **しつもん** 質問　　　(명) 질문

시쯔몽

その意見について質問があります。

그 의견에 대해 질문이 있습니다.

☑ **じてんしゃ** 自転車　　　(명) 자전거

지뗀샤

駅まで自転車に乗っていきます。

역까지 자전거를 타고 갑니다.

☑ **じどうしゃ** 自動車　　　(명) 자동차

지도-샤

自動車を運転したことがありますか。

자동차를 운전한 적이 있습니까?

☑ **しぬ** 死ぬ　　　(동) 죽다

시누

事故にあって、突然死んでしまいました。

사고를 당해서, 갑자기 죽고 말았습니다.

し

49

☑ **じぶん** 自分　　　　　名 자기, 자신

지붕

彼は<u>自分</u>が正しいと言います。

그는 자기가 옳다고 말합니다.

☑ **しまる** 閉まる　　　　動 닫히다

시마루

ドアが<u>閉まって</u>、外で待っています。

문이 닫혀서, 바깥에서 기다리고 있습니다.

☑ **しめる** 閉める　　　　動 닫다

시메루

風が強いから、窓を<u>閉めましょう</u>。

바람이 강하니까 창문을 닫읍시다.

☑ **しめる** 締める　　　　動 매다, 졸라매다

시메루

必ずシートベルトを<u>締めて</u>ください。

반드시 안전벨트를 매어 주세요.

☑ **しゃしん** 写真　　　　名 사진

샤싱

学校で先生と<u>写真</u>を撮りました。

학교에서 선생님과 사진을 찍었습니다.

☑ **〜しゅうかん** 週間　　　数 〜주일

슈-깡

完成するまでは<u>二週間</u>がかかります。

완성하기까지는 2주일이 걸립니다.

☑ **じゅぎょう** 授業　　(명) 수업

쥬교-

もうすぐ授業が終わる時間です。

이제 곧 수업이 끝날 시간입니다.

☑ **しゅくだい** 宿題　　(명) 숙제

슈꾸다이

宿題を済ませたあとで遊びます。

숙제를 끝낸 후에 놀겠습니다.

☑ **じょうずだ** 上手だ　　(な형) 잘한다, 뛰어나다, 능숙하다

죠-즈다

兄はバイオリンがとても上手です。

오빠(형)는 바이올린을 매우 잘 켭니다.

☑ **じょうぶだ** 丈夫だ　　(な형) 튼튼하다, 탄탄하다

죠-부다

この椅子は丈夫ではありません。

이 의자는 튼튼하지 않습니다.

☑ **しょうゆ** 醤油　　(명) 간장

쇼-유

味を出すために醤油を入れます。

맛을 내기 위해 간장을 넣습니다.

☑ **しょくどう** 食堂　　(명) 식당

쇼꾸도-

昼ごはんは食堂で食べました。

점심식사는 식당에서 먹었습니다.

し

☑ **しる** 知る   ⓓ 알다

시루

この単語の意味を知っていますか。

이 단어의 뜻을 알고 있습니까?

☑ **しろ** 白   ⓜ 흰색, 백색

시로

製品のカラーは白しかありません。

제품의 색상은 흰색밖에 없습니다.

☑ **しろい** 白い   ⓘ형 희다, 하얗다

시로이

私の肌は雪のように白いです。

내 피부는 눈처럼 하얗습니다.

☑ **〜じん** 人   ⓢ 〜인

징

韓国人はキムチが大好きです。

한국인은 김치를 무척 좋아합니다.

☑ **しんぶん** 新聞   ⓜ 신문

심붕

電車の中で新聞を読みます。

전철 안에서 신문을 읽습니다.

す

☑ **すう** 吸う   동 (기체나 액체를) 들이마시다

스우

家の外でたばこを吸っています。

집 바깥에서 담배를 피우고 있습니다.

☑ **すきだ** 好きだ   な형 좋아하다

스끼다

私はテレビを見るのが好きです。

나는 텔레비전을 보는 것을 좋아합니다.

☑ **すくない** 少ない   い형 적다

스꾸나이

おじいさんは髪の毛が少ないです。

할아버지는 머리카락이 적습니다.

☑ **すぐ(に)**   부 곧, 금방, 즉시

스구(니)

すぐ先生が来るから、片付けなさい。

곧 선생님이 오니까 정리하세요.

☑ **すこし** 少し   부 조금, 좀, 약간

스꼬시

まだジュースが少し残っています。

아직 주스가 조금 남아 있습니다.

す

53

☑ **すずしい** 涼しい   〔い형〕 시원하다, 선선하다

스즈시ー

このごろは涼しくて気持ちいいです。

요즘은 (날씨가) 선선해서 기분이 좋습니다.

☑ **〜ずつ**   〔접미〕 〜씩 [수량]

즈쯔

箱の中に二つずつ入れました。

상자 안에 2개씩 넣었습니다.

☑ **すむ** 住む   〔동〕 살다, 거주하다

스무

この町で五年間住んでいます。

이 동네에서 5년간 살고 있습니다.

☑ **する**   〔동〕 (동작, 행동 등을) 하다

스루

そんな行動をするのは嫌です。

그런 행동을 하는 것은 싫습니다.

☑ **すわる** 座る   〔동〕 앉다

스와루

椅子に座って待っていましたか。

의자에 앉아서 기다리고 있었습니까?

せ

☑ **せ** 背　　　　　　　　　명 키, 신장

세

背が低い人は前に立ちなさい。

키가 작은 사람은 앞에 서세요.

☑ **せいと** 生徒　　　　　명 학생 (초등학생~고등학생)

세-또

あの生徒が一番頭がいいです。

저 학생이 가장 머리가 좋습니다.

☑ **せっけん**　　　　　　명 비누

섹껭

手を洗うとき、せっけんを使います。

손을 씻을 때 비누를 사용합니다.

☑ **せまい** 狭い　　　　　い형 좁다

세마이

部屋が狭くてとても不便です。

방이 좁아서 너무 불편합니다.

☑ **せんせい** 先生　　　　명 선생님

센세-

遅刻をして、先生に叱られました。

지각을 하여 선생님한테 혼났습니다.

せ

55

☑ せんたく 洗濯   몡 빨래

센따꾸

掃除の後に、洗濯もしました。

청소한 후에 빨래도 했습니다.

☑ ぜんぶ 全部   뷔 전부, 모두

젬부

できることは全部やりました。

할 수 있는 것은 전부 했습니다.

☑ そうじ 掃除   몡 청소

소-지

部屋が汚くて掃除をしました。

방이 지저분해서 청소를 했습니다.

☑ そうして   젭 그리고, 그리고 나서, 또한

소-시떼

玄関に立ちました。そうして、ベルを押しました。

현관에 섰습니다. 그리고 나서, 벨을 눌렀습니다.

☑ そして   젭 그리고

소시떼

雨が止みました。そして、日がさしてきました。

비가 그쳤습니다. 그리고, 해가 나기 시작했습니다.

☑ そと 外　　　　　　　　명 밖, 바깥, 외부

소또

窓を開けて、外を見ていました。

창문을 열어 바깥을 보고 있었습니다.

☑ そば　　　　　　　　　명 옆, 곁, 근처

소바

いつまでも私のそばにいてください。

언제까지나 내 곁에 있어 주세요.

☑ そら 空　　　　　　　　명 하늘

소라

東の空がだんだん明るくなります。

동쪽 하늘이 점점 밝아옵니다.

☑ それから　　　　　　　접 그리고, 그러고 나서

소레까라

コーヒーが出ました。それから、ケーキも出ました。

커피가 나왔습니다. 그러고 나서, 케이크도 나왔습니다.

☑ それでは　　　　　　　접 그럼, 그렇다면, 그래서는

소레데와

それでは、お先に失礼します。

그럼, 먼저 실례하겠습니다.

そ

た

☑ **だい** 台　　　　　　　　　명 받침대, 기둥

다이

あそこに見える台の上に置きます。

저기 보이는 받침 위에 두겠습니다.

☑ **だいがく** 大学　　　　　　명 대학교

다이가꾸

大学で日本語を専攻したいです。

대학교에서 일본어를 전공하고 싶습니다.

☑ **だいじょうぶだ** 大丈夫だ　な형 괜찮다, 끄떡없다

다이쬬-부다

けがをした足は大丈夫ですか。

상처를 입은 다리는 괜찮습니까?

☑ **だいすきだ** 大好きだ　な형 매우 좋아하다

다이스끼다

漫画を読むのが大好きです。

만화책을 읽는 것을 매우 좋아합니다.

☑ **たいせつだ** 大切だ　な형 중요하다, 소중하다

타이세쯔다

その指輪は私に大切なものです。

그 반지는 나에게 소중한 것입니다.

☑ **だいどころ** 台所 　　명 부엌

다이도꼬로

<u>台所</u>で夕食の支度をします。

부엌에서 저녁 준비를 합니다.

☑ **たいへん** 大変 　　부 매우, 대단히

타이헹

彼女は<u>大変</u>頭がいいです。

그녀는 대단히 머리가 좋습니다.

☑ **たいへんだ** 大変だ 　　な형 큰일이다

타이헨다

時間に遅れたら、<u>大変</u>なことになります。

시간에 늦으면 큰일이 납니다.

☑ **たかい** 高い 　　い형 높다

타까이

都心には<u>高い</u>ビルが建てられています。

도심에는 높은 빌딩이 세워져 있습니다.

☑ **たくさん** 　　부 많이

탁쌍

要らない物まで<u>たくさん</u>買いました。

필요 없는 물건까지 많이 샀습니다.

☑ **〜だけ** 　　부조 〜만, 〜뿐

다께

このことはあなた<u>だけ</u>の問題ではありません。

이 일은 당신만의 문제가 아닙니다.

た

☑ **だす** 出す   동 꺼내다, 내놓다

다스

引き出しから紙とペンを出しました。

서랍에서 종이와 펜을 꺼냈습니다.

☑ **〜たち** 達   접미 〜들

타찌

私たちはみんな彼を応援しています。

우리들은 모두 그를 응원하고 있습니다.

☑ **たつ** 立つ   동 서다, 일어서다

타쯔

名前が呼ばれて、椅子から立ちました。

이름이 불려져 의자에서 일어났습니다.

☑ **たて** 縦   명 세로

타떼

カードを縦にして一列に並べました。

카드를 세로로 해서 1줄로 늘어놓았습니다.

☑ **たてもの** 建物   명 건물

타떼모노

この街には古い建物が多いです。

이 거리에는 오래된 건물이 많습니다.

☑ **たのしい** 楽しい   い형 즐겁다

타노시-

友だちと遊ぶのはいつも楽しいです。

친구와 노는 것은 항상 즐겁습니다.

☑ **たのむ** 頼む   ⑧ 부탁하다, 의뢰하다

타노무

何か私に頼むことでもありますか。

뭔가 나에게 부탁할 거라도 있습니까?

☑ **たぶん**   ⑨ 아마, 대개

타붕

たぶんその話は全部嘘かもしれません。

아마 그 이야기는 모두 거짓말일지도 모릅니다.

☑ **たべもの** 食べ物   ⑲ 먹거리, 음식

타베모노

おいしそうな食べ物がたくさんあります。

맛있어 보이는 음식이 많이 있습니다.

☑ **たべる** 食べる   ⑧ 먹다

타베루

お腹が空いたから、食べてからしましょう。

배가 고프니까 먹고 나서 합시다.

☑ **たまご** 卵   ⑲ 계란, 달걀

타마고

朝は卵を焼いて食べました。

아침에는 계란을 부쳐서 먹었습니다.

☑ **だれ** 誰   ⑲ 누구

다레

あそこに立っている男の人は誰ですか。

저기 서 있는 남자는 누구입니까?

た

☑ **だれか** 誰か　　　　　（부）누군가

다레까

誰か後ろから追ってくるようです。

누군가 뒤에서 쫓아오는 것 같습니다.

☑ **たんじょうび** 誕生日　　（명）생일

탄죠-비

あなたの誕生日は何月ですか。

당신의 생일은 몇 월입니까?

☑ **だんだん**　　　　　　（부）점점, 차츰

단당

成績がだんだん下がっています。

성적이 점점 내려가고 있습니다.

ち

☑ **ちいさい** 小さい　　　（い형）작다

치-사이

子供は小さくてかわいいです。

어린이는 작고 귀엽습니다.

☑ **ちかい** 近い　　　　　（い형）가깝다

치까이

ここから病院までは近いです。

여기서부터 병원까지는 가깝습니다.

☑ **ちがう** 違う　　　　　　　⑧ 다르다, 틀리다

치가우

わたし かんが ぜんぜんちが
私の考えとは全然違いました。

내 생각과는 전혀 달랐습니다.

☑ **ちかく** 近く　　　　　　　⑲ 근처, 가까운 곳

치까꾸

かいしゃ ちか ほん や
会社の近くに本屋があります。

회사 근처에 서점이 있습니다.

☑ **ちかてつ** 地下鉄　　　　⑲ 지하철

치까떼쯔

ち か てつ しゅうてん
この地下鉄の終点はどこですか。

이 지하철의 종점은 어디입니까?

☑ **ちず** 地図　　　　　　　⑲ 지도

치즈

ち ず み さが
地図を見ながら探しています。

지도를 보면서 찾고 있습니다.

☑ **ちち** 父　　　　　　　　⑲ 아버지

치찌

わたし ちち きび ひと
私の父はとても厳しい人です。

나의 아버지는 매우 엄격한 사람입니다.

☑ **ちゃいろ** 茶色　　　　　⑲ 갈색

챠이로

ちゃいろ き い
この茶色のブーツが気に入ります。

이 갈색 부츠가 마음에 듭니다.

ち

◾ **ちゃわん** 茶碗　　　명 밥그릇, 밥공기

차왕

茶碗が落ちて、割れてしまいました。

밥그릇이 떨어져서 깨지고 말았습니다.

◾ **〜ちゅう** 中　　　접미 〜중

쥬-

部長は朝からずっと会議中です。

부장님은 아침부터 계속 회의중입니다.

◾ **ちょうど**　　　부 꼭, 마침, 정확히

쬬-도

ちょうどデパートへ行こうとしました。

마침 백화점에 가려고 했습니다.

◾ **ちょっと**　　　부 잠깐, 잠시, 좀, 약간

쬬또

ちょっとりんごを買いに行ってきます。

잠깐 사과 좀 사러 갔다 오겠습니다.

◾ **つかう** 使う　　　동 쓰다, 사용하다

츠까우

このドライバーはどこに使いますか。

이 드라이버는 어디에 사용합니까?

つ

☑ **つかまえる** 捕まえる ⓢ 잡다, 붙잡다

츠까마에루

ついに警察が犯人を捕まえました。

마침내 경찰이 범인을 붙잡았습니다.

☑ **つかれる** 疲れる ⓢ 지치다, 피로해지다

츠까레루

仕事が多くて、毎日疲れています。

일이 많아서 매일 지쳐 있습니다.

☑ **つぎ** 次 ⓜ 다음

츠기

次の文章をゆっくり読んでください。

다음 문장을 천천히 읽어 주세요.

☑ **つく** 着く ⓢ 닿다, 도착하다

츠꾸

東京には何時ごろ着きますか。

도쿄에는 몇 시쯤 도착합니까?

☑ **つくえ** 机 ⓜ 책상

츠꾸에

机の上にノートがありました。

책상 위에 노트가 있었습니다.

☑ **つくる** 作る ⓢ 만들다

츠꾸루

これはどうやって作りましたか。

이것은 어떻게 만들었습니까?

▫ つける　　　　　　　　　图 (전기, 전등 등을) 켜다

츠께루

部屋が暗くて電気をつけました。

방이 어두워서 전기를 켰습니다.

▫ つとめる　勤める　　　图 근무하다

츠또메루

姉は三年間銀行に勤めています。

언니(누나)는 3년간 은행에 근무하고 있습니다.

▫ つまらない　　　　　　い형 시시하다, 재미없다, 지루하다

츠마라나이

あの映画は本当につまらないです。

저 영화는 정말 지루합니다.

▫ つめたい　冷たい　　　い형 차다, 차갑다

츠메따이

冷たいお水が飲みたいです。

차가운 물을 마시고 싶습니다.

▫ つよい　強い　　　　　い형 강하다

츠요이

強い風が吹いて、かなり寒いです。

강한 바람이 불어서 상당히 춥습니다.

66

て

☑ て 手　　　　　　　　(명) 손

테

兄の手は私よりもっと大きいです。

오빠(형)의 손은 나보다 더 큽니다.

☑ でかける 出かける　　　(동) 나가다, 외출하다

데까께루

今から母と出かけるつもりです。

지금부터 어머니와 외출할 생각입니다.

☑ てがみ 手紙　　　　　　(명) 편지

테가미

久しぶりに手紙を書きました。

오래간만에 편지를 썼습니다.

☑ できる 出来る　　　　(동) 할 수 있다, 가능하다

데끼루

この仕事は誰でもできると思います。

이 일은 누구라도 할 수 있다고 생각합니다.

☑ でぐち 出口　　　　　　(명) 출구

데구찌

この店の出口はどこにありますか。

이 가게의 출구는 어디에 있습니까?

■ **では**　　　　　　　　図 그럼, 그러면

데와

<u>では</u>、もう一回聞いてみましょう。

그럼, 한 번 더 들어 봅시다.

■ **でも**　　　　　　　　図 그래도, 그러나

데모

行きたくありません。<u>でも</u>、行かなければなりません。

가고 싶지 않습니다. 그래도, 가지 않으면 안 됩니다.

■ **でる** 出る　　　　　　動 나오다, 나가다

데루

テストの結果はいつ頃<u>出ます</u>か。

테스트 결과는 언제쯤 나옵니까?

■ **てんき** 天気　　　　　名 날씨

텡끼

明日の<u>天気</u>は雨だそうです。

내일 날씨는 비가 온다고 합니다.

■ **でんき** 電気　　　　　名 전기

뎅끼

機械に<u>電気</u>が通じていますか。

기계에 전기가 통하고 있습니까?

■ **でんしゃ** 電車　　　　名 전철

덴샤

次に来る<u>電車</u>に乗ってください。

다음에 오는 전철을 타 주세요.

68

☑ でんわ 電話　　　⑨ 전화

뎅와

電話が壊れて使えなくなりました。

전화가 고장나서 쓸 수 없게 되었습니다.

と

☑ と 戸　　　⑨ 문

토

掃除するときは部屋の戸を開けます。

청소할 때는 방의 문을 엽니다.

☑ どうして　　　⑳ 왜, 어째서, 어떻게

도-시떼

どうしてその本を捨てましたか。

어째서 그 책을 버렸습니까?

☑ どうぞ　　　⑨ 부디, 제발, 아무쪼록

도-조

どうぞプレゼントを受け取ってください。

제발 선물을 받아 주세요.

☑ どうぶつ 動物　　　⑨ 동물

도-부쯔

この動物は一度も見たことがありません。

이 동물은 한 번도 본 적이 없습니다.

■ **どうも**　　　　　　　　　㉟ 정말, 매우, 대단히

도ー모

時間に遅れて<u>どうも</u>すみません。

시간에 늦어서 대단히 죄송합니다.

■ **とおい** 遠い　　　　　　㈐ 멀다

토ー이

郵便局はここから<u>遠い</u>ですか。

우체국은 여기서 멉니까?

■ **とき** 時　　　　　　　　㈐ 때, 시간

토끼

質問をする<u>時</u>は手を上げます。

질문을 할 때는 손을 듭니다.

■ **ときどき** 時々　　　　　㉟ 때때로, 가끔, 그때그때

토끼도끼

兄弟たちは<u>時々</u>けんかもします。

형제들은 때때로 싸움도 합니다.

■ **とけい** 時計　　　　　　㈐ 시계

토께ー

プレゼントで<u>時計</u>をもらいました。

선물로 시계를 받았습니다.

■ **ところ** 所　　　　　　　㈐ 곳, 장소

토꼬로

ここより広い<u>所</u>はありませんか。

여기보다 넓은 곳은 없습니까?

☑ **とし** 年　　　　　명 해, 나이

토시

明日_{あした}からは新_{あたら}しい年_{とし}になります。

내일부터는 새해가 됩니다.

と

☑ **としょかん** 図書館　　　명 도서관

토쇼깡

毎週_{まいしゅう}図書館_{としょかん}で本_{ほん}を借_かりて読_よみます。

매주 도서관에서 책을 빌려 읽습니다.

☑ **とても**　　　　　　부 매우, 대단히, 도저히

토떼모

あの先生_{せんせい}はとても優_{やさ}しいです。

저 선생님은 무척 다정합니다.

☑ **となり** 隣　　　　　명 이웃(집), 옆(집)

토나리

隣_{となり}の家_{いえ}はいつもうるさいです。

이웃집은 항상 시끄럽습니다.

☑ **とぶ** 飛ぶ　　　　　동 날다

토부

飛行機_{ひこうき}が空_{そら}を飛_とんでいきます。

비행기가 하늘을 날아갑니다.

☑ **とまる** 止まる　　　동 멈추다, 서다

토마루

道路_{どうろ}で車_{くるま}が止_とまってしまいました。

도로에서 차가 멈추고 말았습니다.

☑ **ともだち** 友だち　　　　📗 친구

토모다찌

友だちの姉は家にいませんでした。

친구의 언니는 집에 없었습니다.

☑ **とり** 鳥　　　　📗 새, 조류

토리

鳥の名前を忘れてしまいました。

새의 이름을 잊어버렸습니다.

☑ **とりにく** 鶏肉　　　　📗 닭고기

토리니꾸

鶏肉を油に揚げて食べました。

닭고기를 기름에 튀겨서 먹었습니다.

☑ **とる** 取る　　　　📙 잡다, 집다, 쥐다, 들다

토루

いきなり彼が私の手を取りました。

갑자기 그가 내 손을 잡았습니다.

☑ **とる** 撮る　　　　📙 찍다, 뜨다

토루

写真を撮ることが私の趣味です。

사진을 찍는 것이 나의 취미입니다.

な

☑ **ない** 　　　　　　　　(い형) 없다
나이
お金がないときは本当につらいです。
돈이 없을 때는 정말 괴롭습니다.

☑ **なか** 中 　　　　　　　(명) 안, 속, 내부
나까
教室の中で何をしていますか。
교실 안에서 무엇을 하고 있습니까?

☑ **ながい** 長い 　　　　　(い형) 길다
나가이
姉は私よりも髪が長いです。
언니는 나보다도 머리가 깁니다.

☑ **なく** 鳴く 　　　　　　(동) (새, 벌레, 짐승 등이) 울다
나꾸
木の上ですずめが鳴きます。
나무 위에서 참새가 웁니다.

☑ **なくす** 無くす 　　　　(동) 없애다, 잃다, 분실하다
나꾸스
財布を無くして困っています。
지갑을 분실해서 곤란해져 있습니다.

☑ **なぜ** 　　　　　　　　　(부) 왜, 어째서

　나제

　<u>なぜ</u>学校に行きませんでしたか。

　왜 학교에 가지 않았습니까?

☑ **なつ** 夏 　　　　　　　　(명) 여름

　나쯔

　<u>夏</u>になると、旅行に行きたいです。

　여름이 되면, 여행을 떠나고 싶습니다.

☑ **なつやすみ** 夏休み 　　　(명) 여름 방학, 여름 휴가

　나쯔야스미

　<u>夏休み</u>はいつから始まりますか。

　여름 방학은 언제부터 시작됩니까?

☑ **～など** 　　　　　　　　(부조) ～등

　나도

　パンやケーキ<u>など</u>を買いました。

　빵이랑 케이크 등을 샀습니다.

☑ **なに・なん** 何 　　　　　(명) 무엇, 어떤 것, 무슨 일

　나니 · 낭

　<u>何</u>がいちばん安くておいしいですか。

　무엇이 가장 값싸고 맛있습니까?

☑ **なまえ** 名前 　　　　　　(명) 이름

　나마에

　あなたの<u>名前</u>を教えてください。

　당신의 이름을 가르쳐 주세요.

☑ **ならう** 習う   (동) 배우다, 익히다

나라우

<small>せんげつ</small> <small>すいえい</small> <small>なら</small>
先月から水泳を習っています。

지난 달부터 수영을 배우고 있습니다.

☑ **ならぶ** 並ぶ   (동) 줄을 서다, 늘어서다

나라부

<small>ひと</small> <small>いちれつ</small> <small>なら</small>
人たちが 一列に 並んでいます。

사람들이 1줄로 늘어서 있습니다.

☑ **ならべる** 並べる   (동) 늘어놓다, 나란히 하다

나라베루

<small>たな</small> <small>うえ</small> <small>いろいろ</small> <small>もの</small> <small>なら</small>
棚の上に色々な物を並べました。

선반 위에 여러 가지 물건을 늘어놓았습니다.

☑ **なる**   (동) 되다

나루

<small>わたし</small> <small>ゆめ</small>
私の夢はピアニストになることです。

내 꿈은 피아니스트가 되는 것입니다.

☑ **にぎやかだ**   (な형) 번화하다, 북적거리다

니기야까다

<small>しょうてんがい</small>
この商店街はいつもにぎやかです。

이 상점가는 항상 북적거립니다.

に

☑ にく 肉　　　　　　　　　　명 고기

니꾸

<ruby>肉<rt>にく</rt></ruby>はよく<ruby>焼<rt>や</rt></ruby>いて<ruby>食<rt>た</rt></ruby>べるのがいいです。

고기는 잘 구워서 먹는 것이 좋습니다.

☑ 〜にち 日　　　　　　　　　수 〜일 [날짜]

니찌

<ruby>今月<rt>こんげつ</rt></ruby>の<ruby>十五日<rt>じゅうごにち</rt></ruby>は<ruby>火曜日<rt>かようび</rt></ruby>だそうです。

이번 달 15일은 화요일이라고 합니다.

☑ にもつ 荷物　　　　　　　　명 짐, 하물

니모쯔

この<ruby>荷物<rt>にもつ</rt></ruby>は<ruby>大<rt>おお</rt></ruby>きくて<ruby>重<rt>おも</rt></ruby>いです。

이 짐은 크고 무겁습니다.

☑ にわ 庭　　　　　　　　　　명 정원, 마당

니와

<ruby>庭<rt>にわ</rt></ruby>で<ruby>子供<rt>こども</rt></ruby>たちが<ruby>遊<rt>あそ</rt></ruby>んでいます。

마당에서 아이들이 놀고 있습니다.

☑ 〜にん 人　　　　　　　　　수 〜인, 〜명 [사람 수]

닝

<ruby>部屋<rt>へや</rt></ruby>には<ruby>女<rt>おんな</rt></ruby>の<ruby>子<rt>こ</rt></ruby>が<ruby>三人<rt>さんにん</rt></ruby>います。

방에는 여자아이가 3명 있습니다.

ぬ

◻ **ぬぐ** 脱ぐ　　　　　（동）벗다

누구

上着を脱いでハンガーにかけました。

겉옷을 벗어 옷걸이에 걸었습니다.

◻ **ぬるい** 温い　　　　（い형）미지근하다

누루이

このスープは温くておいしくありません。

이 스프는 미지근해서 맛있지 않습니다.

ね

◻ **ねこ** 猫　　　　　　（명）고양이

네꼬

一年前から猫を飼っています。

1년 전부터 고양이를 기르고 있습니다.

◻ **ねる** 寝る　　　　　（동）잠자다, 눕다

네루

夜十時だから、そろそろ寝ます。

밤 10시니까, 이제 슬슬 자겠습니다.

ぬ
ね

☑ **〜ねん** 年　　　　　　　㊌ 〜년

넹

来年_{らいねん}は２００９年_{にせんきゅうねん}になります。

내년은 2009년이 됩니다.

☑ **のぼる** 登る　　　　　　㊅ 오르다

노보루

毎週土曜日_{まいしゅうどようび}は山_{やま}を登_{のぼ}ります。

매주 토요일은 산을 오릅니다.

☑ **のみもの** 飲み物　　　　㊂ 마실 것, 음료수

노미모노

私_{わたし}は冷_{つめ}たい飲_のみ物_{もの}がいいです。

나는 시원한 음료수가 좋습니다.

☑ **のむ** 飲む　　　　　　　㊅ 마시다

노무

お酒_{さけ}を飲_のむと、顔_{かお}が赤_{あか}くなります。

술을 마시면 얼굴이 빨개집니다.

☑ **のる** 乗る　　　　　　　㊅ (탈 것을) 타다

노루

自転車_{じてんしゃ}に乗_のって学校_{がっこう}へ行_いきます。

자전거를 타고 학교에 갑니다.

は

☑ **は** 歯　　　　　　　　　명 이, 치아

하

歯を磨いてから、顔を洗います。

이를 닦고 나서 얼굴을 씻습니다.

☑ **～はい** 杯　　　　　　　수 ~잔 [컵, 잔]

하이

のどが乾いて、水を二杯飲みました。

목이 말라서 물을 2잔 마셨습니다.

☑ **はいざら** 灰皿　　　　　　명 재떨이

하이자라

ここは禁煙席だから、灰皿がありません。

여기는 금연석이라서 재떨이가 없습니다.

☑ **はいる** 入る　　　　　　동 들어가다, 들어오다

하이루

今から教室に入ってください。

지금부터 교실로 들어가 주세요.

☑ **はがき** 葉書　　　　　　명 엽서

하가끼

葉書はどこで売っていますか。

엽서는 어디에서 팝니까?

の
は

79

☑ **はく**　　　　　　　　　（동）(바지, 신발 등을) 신다

하꾸

冬にはブーツを<u>はく</u>ことが多いです。

겨울에는 부츠를 신는 경우가 많습니다.

☑ **はこ** 箱　　　　　　　　（명）상자

하꼬

この<u>箱</u>は誰が持ってきましたか。

이 상자는 누가 가지고 왔습니까?

☑ **はし** 橋　　　　　　　　（명）다리, 교량

하시

<u>橋</u>を渡るときは気をつけてください。

다리를 건널 때는 조심해 주세요.

☑ **はし** 箸　　　　　　　　（명）젓가락

하시

まだ<u>箸</u>を使うのが苦手です。

아직 젓가락을 사용하는 것이 서툽니다.

☑ **はじまる** 始まる　　　　（동）시작되다

하지마루

来月から練習が<u>始まります</u>。

다음 달부터 연습이 시작됩니다.

☑ **はじめ** 初め　　　　　　（명）처음, 시작, 시초

하지메

<u>初め</u>から説明してくれました。

처음부터 설명해 주었습니다.

■ **はじめて** 初めて　　　　(부) 처음으로, 최초로

하지메떼

海外旅行は日本が初めてです。

해외여행은 일본이 처음입니다.

■ **はしる** 走る　　　　(동) 달리다

하시루

一人で運動場を走っています。

혼자 운동장을 달리고 있습니다.

■ **はたらく** 働く　　　　(동) 일하다

하따라꾸

あなたは何時間くらい働いていますか。

당신은 몇 시간 정도 일하고 있습니까?

■ **はな** 花　　　　(명) 꽃

하나

いちばん好きな花はコスモスです。

가장 좋아하는 꽃은 코스모스입니다.

■ **はな** 鼻　　　　(명) 코

하나

風邪をひいて、鼻が詰まりました。

감기에 걸려서 코가 막혔습니다.

■ **はなし** 話　　　　(명) 이야기, 대화, 말

하나시

つまらない話は聞きたくありません。

재미없는 이야기는 듣고 싶지 않습니다.

は

81

☑ **はなす** 話す　　　　　　(동) 말하다, 이야기하다

하나스

彼と話している人は誰ですか。

그와 이야기하고 있는 사람은 누구입니까?

☑ **はは** 母　　　　　　(명) 어머니

하하

うちの母は料理が上手です。

나의 어머니는 요리를 잘합니다.

☑ **はやい** 早い　　　　　　(い형) (시간이) 이르다

하야이

会議があって、早く起きました。

회의가 있어서 일찍 일어났습니다.

☑ **はやい** 速い　　　　　　(い형) (속도가) 빠르다

하야이

やはり車は自転車より速いです。

역시 자동차는 자전거보다 빠릅니다.

☑ **はる** 春　　　　　　(명) 봄

하루

春になると、桜の花が咲きます。

봄이 되면, 벚꽃이 핍니다.

☑ **はる** 貼る　　　　　　(동) 붙이다

하루

右側には写真を貼ってください。

오른쪽에는 사진을 붙여 주세요.

☑ **はれ** 晴れ　　　　　　（명） 맑음, 개임

하레

午後からは晴れになるでしょう。

오후부터는 날이 개일 것입니다.

☑ **はれる** 晴れる　　　　　（동） (날씨가) 개다, 맑다

하레루

この頃は晴れた日が続きます。

요즘은 맑은 날이 계속됩니다.

☑ **〜ばん** 番　　　　　　　（수） 〜번 [순서, 순번]

방

八番の問題が難しかったです。

8번 문제가 어려웠습니다.

☑ **ばんごう** 番号　　　　　（명） 번호

방고–

客室の番号を教えてください。

객실 번호를 가르쳐 주세요.

☑ **ばんごはん** 晩御飯　　　（명） 저녁밥, 저녁 식사

방고항

晩御飯は何時に食べましたか。

저녁밥은 몇 시에 먹었습니까?

☑ **はんぶん** 半分　　　　　（명） 반, 절반

함붕

サンドイッチの半分を彼にあげました。

샌드위치의 절반을 그에게 주었습니다.

は

83

ひ

☑ **〜ひき** 匹　　　　　　　(수) **〜마리 [몸집이 작은 동물]**

히끼

田舎でうさぎを二匹飼っています。

시골에서 토끼를 2마리 기르고 있습니다.

☑ **ひく** 引く　　　　　　　(동) **끌다, 당기다**

히꾸

紐を引くと、ふたが閉ります。

끈을 당기면 뚜껑이 닫힙니다.

☑ **ひく** 弾く　　　　　　　(동) **(현악기를) 켜다, 연주하다**

히꾸

友だちの前でバイオリンを弾きます。

친구 앞에서 바이올린을 연주합니다.

☑ **ひくい** 低い　　　　　　(い형) **낮다**

히꾸이

私は姉よりもっと背が低いです。

나는 언니(누나)보다 훨씬 키가 작습니다.

☑ **ひこうき** 飛行機　　　　(명) **비행기**

히꼬ー끼

飛行機に乗るのがいちばん怖いです。

비행기를 타는 것이 가장 무섭습니다.

☑ **ひだり** 左　　　　　　　명 왼쪽

히다리

朝から左の目が充血しています。

아침부터 왼쪽 눈이 충혈되어 있습니다.

☑ **ひと** 人　　　　　　　명 사람, 인간

히또

私は怒りっぽい人が大嫌いです。

나는 화를 잘 내는 사람을 가장 싫어합니다.

☑ **ひとり** 一人　　　　　　명 한 사람, 혼자

히또리

一人では決して解決できません。

혼자서는 결코 해결할 수 없습니다.

☑ **ひま** 暇　　　　　　　명 짬, 틈, 기회

히마

暇があれば、何がしたいですか。

여유가 있다면 무엇을 하고 싶습니까?

☑ **びょういん** 病院　　　　명 병원

뵤-잉

あそこの病院で手術しました。

저기 보이는 병원에서 수술했습니다.

☑ **びょうき** 病気　　　　　명 병

뵤-끼

病気になって、学校を休みました。

병이 나서 학교를 쉬었습니다.

ひ

85

☑ **ひる** 昼　　　　　　　　　명 낮, 정오, 점심

히루

夏になると、昼が長くなります。

여름이 되면 낮이 길어집니다.

☑ **ひるごはん** 昼御飯　　　명 점심밥, 점심 식사

히루고항

今日の昼ごはんはハンバーガーでした。

오늘 점심식사는 햄버거였습니다.

☑ **ひろい** 広い　　　　　　い형 넓다, (폭, 면적이) 크다

히로이

ここよりもっと広い部屋がほしいです。

여기보다 더 넓은 방을 원합니다.

ふ

☑ **ふうとう** 封筒　　　　　명 봉투

후-또-

白い封筒が下に落ちています。

하얀 봉투가 아래에 떨어져 있습니다.

☑ **ふく** 吹く　　　　　　　동 (바람이) 불다

후꾸

だんだん涼しい風が吹いています。

점점 시원한 바람이 불고 있습니다.

☑ ふく 服　　　(명) 옷

후꾸

服にジュースをこぼしてしまいました。

옷에 주스를 흘리고 말았습니다.

☑ ぶたにく 豚肉　　　(명) 돼지고기

부따니꾸

この料理には豚肉が入っています。

이 요리에는 돼지고기가 들어 있습니다.

☑ ふたり 二人　　　(명) 두 사람

후따리

私には叔父が二人います。

나에게는 삼촌이 2명 있습니다.

☑ ふとい 太い　　　(い형) 굵다, 두껍다

후또이

足が太くて、とても恥ずかしいです。

다리가 굵어서 너무 창피합니다.

☑ ふゆ 冬　　　(명) 겨울

후유

私は雪が降る冬が好きです。

나는 눈이 내리는 겨울을 좋아합니다.

☑ ふる 降る　　　(동) (비, 눈 등이) 내리다, 내려오다

후루

朝から激しい雨が降っています。

아침부터 강한 비가 내리고 있습니다.

ふ

87

☑ **ふるい** 古い   [い形] 낡다, 오래되다

후루이

ここでいちばん<u>古い</u>家具は何ですか。

이곳에서 가장 오래된 가구는 무엇입니까?

☑ **ぶんしょう** 文章   [명] 문장

분쇼ー

この<u>文章</u>におかしいところがあります。

이 문장에 이상한 부분이 있습니다.

☑ **へただ** 下手だ   [な形] 서투르다

헤따다

昔から漢字を書くのが<u>下手</u>でした。

예전부터 한자를 쓰는 것이 서툴렀습니다.

☑ **へや** 部屋   [명] 방

헤야

<u>部屋</u>をきちんと片付けてください。

방을 깔끔하게 정리해 주세요.

☑ **へん** 辺   [명] 근처, 근방, 정도

헹

この<u>辺</u>に図書館はありませんか。

이 근처에 도서관은 없습니까?

☑ **べんきょう** 勉強　　⒨ 공부

벵꾜-

毎日英語の勉強をしています。

매일 영어 공부를 하고 있습니다.

☑ **べんりだ** 便利だ　　⒩형 편리하다

벤리다

コンビニが近くにあって、便利です。

편의점이 근처에 있어서 편리합니다.

ほ

☑ **ほう** 方　　⒨ 쪽, 편, 방향

호-

こちらの方にあるのが新製品です。

이쪽 편에 있는 것이 신제품입니다.

☑ **ぼうし** 帽子　　⒨ 모자

보-시

帽子を被って出かけるときもあります。

모자를 쓰고 외출할 때도 있습니다.

☑ **ほか** 外　　⒨ 그밖, 딴 것, 딴 곳, 외부

호까

すみませんが、ほかの色も見せてください。

죄송합니다만, 다른 색상도 보여 주세요.

☑ **ほしい** 欲しい　　　　い형 갖고 싶다, 원하다

호시−

ほしい物があったら、何でも言いなさい。

갖고 싶은 것이 있으면 무엇이든 말하세요.

☑ **ほそい** 細い　　　　い형 가늘다, 좁다

호소이

細い道を自転車で通ります。

좁은 길을 자전거로 지나갑니다.

☑ **ほん** 本　　　　명 책

홍

厚い**本**を最後まで読みました。

두꺼운 책을 끝까지 읽었습니다.

☑ **〜ほん** 本　　　　수 〜개, 〜자루 [우산, 연필 등의 길고 가는 물건]

홍

ボールペンを三本も買いました。

볼펜을 3자루나 샀습니다.

☑ **ほんだな** 本棚　　　　명 책장

혼다나

本棚には小説と漫画があります。

책장에는 소설과 만화책이 있습니다.

☑ **ほんとうだ** 本当だ　　　　な형 사실이다, 정말이다

혼또−다

彼が話してくれたことは**本当**です。

그가 이야기해 준 것은 사실입니다.

☑ ~まい 枚   ㈜ ~매, ~장 [종이, 수건 등의 얇고 평평한 물건]

마이

棚の上にタオルが四枚あります。

선반 위에 수건이 4장 있습니다.

☑ まえ 前   ㈅ 앞, 정면

마에

駅の前でタクシーを待っています。

역 앞에서 택시를 기다리고 있습니다.

☑ まがる 曲がる   ㈄ 구부러지다

마가루

角を曲がると、すぐ見えます。

모퉁이를 돌면 바로 보입니다.

☑ まずい   ㈜형 맛이 없다, 서투르다

마즈이

このスパゲッティは本当にまずいです。

이 스파게티는 정말 맛이 없습니다.

☑ また   ㈁ 또, 또다시, 재차

마따

また遅刻をして、先生に叱られました。

또 지각을 해서 선생님한테 꾸중을 들었습니다.

ま

91

☑ **まだ**   🔵 아직(도), 여태까지

마다

時間<small>じかん</small>がなくて、まだ始<small>はじ</small>められません。

시간이 없어서 아직 시작할 수 없습니다.

☑ **まち** 町   🟢 시내, 도회, 마을

마찌

この町<small>まち</small>には病院<small>びょういん</small>がひとつしかありません。

이 마을에는 병원이 하나밖에 없습니다.

☑ **まつ** 待つ   🔴 기다리다

마쯔

もう少<small>すこ</small>しここで待<small>ま</small>っていてください。

조금 더 여기서 기다리고 있어 주세요.

☑ **まっすぐ**   🔵 곧장, 똑바로

맛쓰구

まっすぐいけば、十分<small>じゅっぷん</small>しかかかりません。

곧장 가면, 10분밖에 걸리지 않습니다.

☑ **まど** 窓   🟢 창문

마도

天気<small>てんき</small>がよくて、窓<small>まど</small>を開<small>あ</small>けました。

날씨가 좋아서 창문을 열었습니다.

☑ **まるい** 丸い   🟦 둥글다

마루이

あの子<small>こ</small>は目<small>め</small>が丸<small>まる</small>くてかわいいです。

저 아이는 눈이 동그랗고 귀엽습니다.

☑ **まんねんひつ** 万年筆 　（명） 만년필

만넹히쯔

母にもらったプレゼントは万年筆です。

어머니한테 받은 선물은 만년필입니다.

☑ **みがく** 磨く 　（동） 닦다, 갈다, 광을 내다

미가꾸

父の靴をぴかぴかに磨きました。

아버지의 구두를 반짝거리게 닦았습니다.

☑ **みぎ** 右 　（명） 오른쪽

미기

右にある建物が銀行ですか。

오른쪽에 있는 건물이 은행입니까?

☑ **みじかい** 短い 　（い형） 짧다

미지까이

髪の毛を短く切りたいです。

머리카락을 짧게 자르고 싶습니다.

☑ **みず** 水 　（명） 물

미즈

今すぐ冷たい水を持っていきます。

지금 당장 시원한 물을 가지고 가겠습니다.

み

☑ **みせ** 店　　　　　　　　　명 가게, 상점

미세

あの店では何を売っていますか。

저 가게에서는 무엇을 팔고 있습니까?

☑ **みせる** 見せる　　　　　　동 보이다, 보여 주다

미세루

もう一度写真を見せてください。

다시 한번 사진을 보여 주세요.

☑ **みち** 道　　　　　　　　　명 길

미찌

家の後ろにある道は狭いです。

집 뒤에 있는 길은 좁습니다.

☑ **みどり** 緑　　　　　　　　명 녹색, 초록

미도리

私は緑の色がとても気に入ります。

나는 녹색이 매우 마음에 듭니다.

☑ **みなさん** 皆さん　　　　　명 여러분

미나상

皆さん、始めてもよろしいですか。

여러분, 시작해도 괜찮겠습니까?

☑ **みみ** 耳　　　　　　　　　명 귀

미미

初めて耳にピアスをつけました。

처음으로 귀에 귀걸이를 걸었습니다.

☑ **みる** 見る　　　　(동) 보다

미루

さっきからずっと何を見ていますか。
아까부터 계속 무엇을 보고 있습니까?

☑ **みんな**　　　　(명) 모두, 전원

민나

学生たちはみんな教室にいます。
학생들은 모두 교실에 있습니다.

☑ **むこう** 向こう　　　　(명) 맞은편, 건너편, 상대편

무꼬-

向こうにある本屋は広いです。
맞은편에 있는 서점은 넓습니다.

☑ **むずかしい** 難しい　　　　(い형) 어렵다, 곤란하다

무즈까시-

難しい作業も上手にできます。
어려운 작업도 능숙하게 할 수 있습니다.

☑ **むら** 村　　　　(명) 마을, 시골, 촌락

무라

田舎には小さい村があります。
시골에는 작은 마을이 있습니다.

む

め

☑ **め** 目　　　　　　　　　명 눈

메

最近目ががゆいことが多いです。

요즘 눈이 가려울 때가 많습니다.

☑ **めがね** 眼鏡　　　　　명 안경

메가네

視力が悪くなって、眼鏡をかけます。

시력이 나빠져서 안경을 씁니다.

も

☑ **もう**　　　　　　　　부 이미, 벌써

모ー

もう終わったことだから、忘れなさい。

이미 끝난 일이니까 잊으세요.

☑ **もつ** 持つ　　　　　동 가지다, 지니다, 들다

모쯔

私が持っているかばんは安いです。

내가 들고 있는 가방은 쌉니다.

■ **もっと** ㉡ 더, 더욱, 한층

못또

^{まえ}前より<u>もっと</u>きれいになりました。

전보다 더 예뻐졌습니다.

■ **もの** 物 ㉤ 물건, 물품

모노

^{でんしゃ}電車で^な無くした^{もの}物をみつけました。

전철에서 잃어버린 물건을 찾았습니다.

■ **もん** 門 ㉤ 문, 출입구

몽

^{もん}門を^あ開けて、^{なか}中に^{はい}入ってみました。

문을 열고 안으로 들어가 보았습니다.

■ **もんだい** 問題 ㉤ 문제

몬다이

この^{もんだい}問題について^{せつめい}説明してください。

이 문제에 대해서 설명해 주세요.

■ **～や** 屋 접미 ~집, ~쟁이

야

^{はなや}花屋に^い行って、^{はな}花を^か買いました。

꽃집에 가서 꽃을 샀습니다.

め
も
や

☑ **やおや** 八百屋　　　　　　⟮명⟯ 야채 가게, 채소 가게

야오야

ねぎは八百屋で売っています。

대파는 야채가게에서 팝니다.

☑ **やさい** 野菜　　　　　　　⟮명⟯ 야채, 채소

야사이

全然野菜を食べようとしません。

전혀 야채를 먹으려고 하지 않습니다.

☑ **やさしい** 易しい　　　　⟮い형⟯ 쉽다

야사시-

先生が易しく説明してくれました。

선생님이 쉽게 설명해 주었습니다.

☑ **やすい** 安い　　　　　　⟮い형⟯ (값이) 싸다

야스이

もっと安いネクタイはありませんか。

더 저렴한 넥타이는 없습니까?

☑ **やすみ** 休み　　　　　　⟮명⟯ 휴식, 휴가, 휴일

야스미

休みの日に釣りに行ってきました。

쉬는 날에 낚시하러 갔다 왔습니다.

☑ **やすむ** 休む　　　　　　⟮동⟯ 쉬다, 휴식하다

야스무

風邪にはぐっすり休んだ方がいいです。

감기에는 푹 쉬는 것이 좋습니다.

☑ **やま** 山　　　　　　　（명） 산

야마

私は<u>山</u>より海に行きたいです。

나는 산보다 바다에 가고 싶습니다.

☑ **やる**　　　　　　　（동） (일을) 하다

야루

どんなことでも一生懸命に<u>やります</u>。

어떤 일이라도 열심히 하겠습니다.

ゆ

☑ **ゆうがた** 夕方　　　　　（명） 해질녘, 저녁때

유-가따

明日の<u>夕方</u>までテープを返します。

내일 저녁때까지 테이프를 돌려주겠습니다.

☑ **ゆうびんきょく** 郵便局　（명） 우체국

유-빙꾜꾸

年末になると、<u>郵便局</u>は忙しいです。

연말에 되면 우체국은 바쁩니다.

☑ **ゆうべ** 夕べ　　　　　（명） 어젯밤, 어제 저녁

유-베

<u>夕べ</u>も彼女とデートをしましたか。

어젯밤에도 그녀와 데이트를 했습니까?

99

☑ **ゆうめいだ** 有名だ ［な形］ 유명하다

유−메−다

絵が上手なことで、学校で有名です。

그림을 잘 그리는 것으로, 학교에서 유명합니다.

☑ **ゆき** 雪 ［명］ 눈

유끼

雪が降って、町中が真っ白です。

눈이 내려서 온 동네가 새하얗습니다.

☑ **ゆっくり** ［부］ 천천히, 느긋하게

윷꾸리

足が痛いから、ゆっくり歩きなさい。

다리가 아프니까 천천히 걸으세요.

よ

☑ **ようふく** 洋服 ［명］ 양복

요−후꾸

新しい洋服がよく似合います。

새 양복이 잘 어울립니다.

☑ **よく** ［부］ 잘, 자주

요꾸

寝坊をするから、よく遅刻します。

늦잠을 자니까, 자주 지각합니다.

■ **よこ** 横　　　　　　　　(명) 옆, 곁, 가로

요꼬

テレビの横にあるのは時計です。

텔레비전 옆에 있는 것은 시계입니다.

■ **よぶ** 呼ぶ　　　　　　　　(동) 부르다

요부

彼の名前を呼んだことがありません。

그의 이름을 부른 적이 없습니다.

■ **よむ** 読む　　　　　　　　(동) 읽다

요무

兄は歴史の本ばかり読みます。

오빠(형)는 역사책만 읽습니다.

■ **よる** 夜　　　　　　　　　(명) 밤

요루

夜になって、気温が下がりました。

밤이 되어 기온이 내려갔습니다.

■ **よわい** 弱い　　　　　　　(い형) 약하다

요와이

彼女は腕の力がとても弱いです。

그녀는 팔의 힘이 무척 약합니다.

よ

り

☑ **りっぱだ** 立派だ   〔な형〕 **훌륭하다, 근사하다, 멋지다**

립빠다

この彫刻はとても立派な作品です。

이 조각은 매우 훌륭한 작품입니다.

☑ **りゅうがくせい** 留学生   〔명〕 **유학생**

류−각쎄−

留学生の立場から考えてみなさい。

유학생의 입장에서 생각해 보세요.

☑ **りょうしん** 両親   〔명〕 **양친, 부모**

료−싱

両親は親戚のうちに行っています。

부모님은 친척 집에 가 있습니다.

☑ **りょうり** 料理   〔명〕 **요리**

료−리

週末には料理をすることもあります。

주말에는 요리를 할 때도 있습니다.

☑ **りょこう** 旅行   〔명〕 **여행**

료꼬−

お金がなくて、旅行に行けません。

돈이 없어서 여행을 갈 수 없습니다.

れ

☑ **れいぞうこ** 冷蔵庫　명 냉장고

레-조-꼬

卵は冷蔵庫の中に入っています。

달걀은 냉장고 안에 들어 있습니다.

☑ **れんしゅう** 練習　명 연습

렌슈-

毎朝テニスの練習をしています。

매일 아침 테니스 연습을 하고 있습니다.

ろ

☑ **ろうか** 廊下　명 복도

로-까

廊下でどんな話をしましたか。

복도에서 어떤 이야기를 했습니까?

り
れ
ろ

わ

☑ **わかい** 若い　　　　　　　い形 젊다, 미숙하다

와까이

まだ若いから、心配はしていません。

아직 젊으니까 걱정은 안 하고 있습니다.

☑ **わかる** 分かる　　　　　　動 알다, 이해할 수 있다

와까루

この単語の意味が分かりますか。

이 단어의 뜻을 알겠습니까?

☑ **わすれる** 忘れる　　　　　動 잊다, (물건을) 두고 오다

와스레루

彼女の名前を忘れてしまいました。

그녀의 이름을 잊어버렸습니다.

☑ **わたくし・わたし** 私　　　代名 나, 저

와따꾸시・와따시

そのことは私が全部解決します。

그 일은 내가 전부 해결하겠습니다.

☑ **わたす** 渡す　　　　　　　動 건네다, 넘기다

와따스

頼まれた書類を直接渡しました。

부탁 받은 서류를 직접 건넸습니다.

☑ **わたる** 渡る　　　　　⑧ 건너다, 건너오다, 건너가다

와따루

横断歩道を渡ってもいいですか。

횡단보도를 건너가도 됩니까?

☑ **わるい** 悪い　　　　　(い형) 나쁘다, 못되다

와루이

悪い行動は絶対しないでください。

나쁜 행동은 절대로 하지 말아 주세요.

わ

ア

■ **アパート**　　　　　　명 아파트(apartment house)

아빠ー또

昨日アパートに引っ越してきました。

어제 아파트로 이사해 왔습니다.

エ

■ **エレベーター**　　　　명 엘리베이터(elevator)

에레베ー따ー

エレベーターに乗って五階まで上りました。

엘리베이터를 타고 5층까지 올라갔습니다.

カ

■ **カップ**　　　　　　명 컵(cup)

캅뿌

カップの中にジュースが入っています。

컵 안에 주스가 들어있습니다.

☑ **カメラ**　　　　　명 카메라(camera)

カメラ
기능이 많은 カメラ

機能が多い**カメラ**がほしいです。
기능이 많은 카메라를 갖고 싶습니다.

☑ **カレー**　　　　　명 카레(curry)

카레−
子供たちはみんな**カレー**が好きです。
아이들은 모두 카레를 좋아합니다.

☑ **カレンダー**　　　명 캘린더(calendar), 달력

카렌다−
今年の**カレンダー**はまだ買っていません。
올해 달력은 아직 사지 않았습니다.

☑ **ギター**　　　　　명 기타(guitar)

기따−
父は趣味で**ギター**をひきます。
아버지는 취미로 기타를 칩니다.

ア
エ
カ
キ

ク

☑ **クラス**　　　　　　⑧ 클래스(class), 학급

쿠라스

<u>クラス</u>の生徒たちが応援しています。

학급의 학생들이 응원하고 있습니다.

コ

☑ **コート**　　　　　　⑧ 코트(overcoat), 외투

코-뜨

私には長い<u>コート</u>が似合いません。

나에게는 긴 코트가 어울리지 않습니다.

☑ **コーヒー**　　　　　⑧ 커피(coffee)

코-히-

朝ごはんの代わりに<u>コーヒー</u>を飲みます。

아침밥 대신으로 커피를 마십니다.

☑ **コピー**　　　　　　⑧ 카피(copy), 복사

코삐-

書類を一枚ずつ<u>コピー</u>してください。

서류를 1장씩 복사해 주세요.

シ

☑ **シャツ**　　　　　（명）셔츠(shirts)

샤쯔

彼は白い<u>シャツ</u>しか持っていません。

그는 흰 셔츠밖에 가지고 있지 않습니다.

☑ **シャワー**　　　　（명）샤워(shower)

샤와ー

寝る前には必ず<u>シャワー</u>を浴びます。

자기 전에는 반드시 샤워를 합니다.

ス

☑ **スカート**　　　　（명）스커트(skirt), 치마

스까ー또

<u>スカート</u>の長さを短く直しました。

스커트의 길이를 짧게 수선했습니다.

☑ **ストーブ**　　　　（명）스토브(stove)

스또ー부

<u>ストーブ</u>をつけたら、部屋が温かいです。

스토브를 켰더니, 방이 따뜻합니다.

ク
コ
シ
ス

■ スプーン　　　　　　　　　　名 스푼(spoon), 숟가락

스뿌－운

この料理はスプーンで食べなさい。

이 요리는 스푼으로 먹으세요.

■ スポーツ　　　　　　　　　　名 스포츠(sports), 운동

스뽀－쯔

スポーツなら、何でも上手です。

스포츠라면 무엇이든 잘합니다.

■ ズボン　　　　　　　　　　　　名 바지

즈봉

少し太ったら、ズボンがきついです。

약간 살이 쪘더니, 바지가 꽉 끼입니다.

■ スリッパ　　　　　　　　　　名 슬리퍼(slippers)

스립빠

靴を脱いで、スリッパをはきます。

신발을 벗고 슬리퍼를 신습니다.

セ

■ セーター　　　　　　　　　　名 스웨터(sweater)

세－따－

寒い日はセーターを出して着ます。

추운 날에는 스웨터를 꺼내어 입습니다.

110

☑ **ゼロ**　　　　　　　　명 제로(zero), 영

제로

<ruby>試<rt>し</rt></ruby><ruby>合<rt>あい</rt></ruby>に<ruby>優<rt>ゆう</rt></ruby><ruby>勝<rt>しょう</rt></ruby>する<ruby>確<rt>かく</rt></ruby><ruby>率<rt>りつ</rt></ruby>は<u>ゼロ</u>です。

시합에 우승할 확률은 제로입니다.

☑ **タクシー**　　　　　　명 택시(taxi)

탁씨-

ここで<u>タクシー</u>を<ruby>拾<rt>ひろ</rt></ruby>うのは<ruby>難<rt>むずか</rt></ruby>しいです。

여기에서 택시를 잡는 것은 어렵습니다.

☑ **テープ**　　　　　　　명 테이프(tape)

테-뿌

この<u>テープ</u>を<ruby>最<rt>さい</rt></ruby><ruby>後<rt>ご</rt></ruby>まで<ruby>聞<rt>き</rt></ruby>いてください。

이 테이프를 끝까지 들어 주세요.

☑ **テープレコーダー**　　명 테이프 레코더(tape recorder), 녹음기

테-뿌레꼬-다-

<u>テープレコーダー</u>に<ruby>録<rt>ろく</rt></ruby><ruby>音<rt>おん</rt></ruby>してあります。

녹음기에 녹음되어 있습니다.

セ
タ
テ

111

■ テーブル　　　　　　　　　⑲ 테이블(table), 탁자

테-부루

<u>テーブル</u>の上にケーキがあります。

테이블 위에 케이크가 있습니다.

■ テスト　　　　　　　　　⑲ 테스트(test), 시험

테스또

今回の<u>テスト</u>はとても難しかったです。

이번 테스트는 매우 어려웠습니다.

■ デパート　　　　　　　　⑲ 백화점(department store)

데빠-또

<u>デパート</u>に行って、ショッピングをしました。

백화점에 가서 쇼핑을 했습니다.

■ テレビ　　　　　　　　　⑲ 텔레비전(television)

테레비

<u>テレビ</u>を見ながら、お菓子を食べます。

텔레비전을 보면서 과자를 먹습니다.

■ ドア　　　　　　　　　　⑲ 도어(door), 문

도아

<u>ドア</u>が閉まっていて、中に入れません。

문이 닫혀 있어서 안에 들어갈 수 없습니다.

112

☑ **トイレ**　　　　　　　명 화장실(toilet)

토이레

ちょっと<u>トイレ</u>に<ruby>行<rt>い</rt></ruby>ってきます。

잠깐 화장실에 다녀오겠습니다.

ナ

☑ **ナイフ**　　　　　　　명 나이프(knife), 칼

나이후

<u>ナイフ</u>を<ruby>使<rt>つか</rt></ruby>うときは<ruby>気<rt>き</rt></ruby>をつけなさい。

칼을 사용할 때는 조심하세요.

ニ

☑ **ニュース**　　　　　　명 뉴스(news)

뉴-스

<ruby>夕食<rt>ゆうしょく</rt></ruby>の<ruby>後<rt>あと</rt></ruby>に<u>ニュース</u>を<ruby>見<rt>み</rt></ruby>ています。

저녁식사 후에 뉴스를 보고 있습니다.

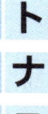

ネ

☑ **ネクタイ**　　　　　몡 넥타이(necktie)

ネクタイ

スーツを着るときは<u>ネクタイ</u>も締めます。

양복을 입을 때는 넥타이도 맵니다.

ノ

☑ **ノート**　　　　　몡 노트(note), 공책

ノート

授業を聞きながら、<u>ノート</u>に書きました。

수업을 들으면서 노트에 썼습니다.

ハ

☑ **パーティー**　　　　　몡 파티(party)

パーティー

金曜日の夜は<u>パーティー</u>に行きます。

금요일 밤에는 파티에 갑니다.

フ

☑ バス
명 버스(bus)

바스

<u>バス</u>に乗って行っても遅いです。

버스를 타고 가도 늦습니다.

☑ バター
명 버터(butter)

바따-

食パンに<u>バター</u>を塗って食べます。

식탕에 버터를 발라서 먹습니다.

☑ パン
명 빵

팡

昼ごはんは簡単に<u>パン</u>で済ませます。

점심식사는 간단하게 빵으로 끝냅니다.

☑ ハンカチ
명 손수건(handkerchief)

항까찌

<u>ハンカチ</u>を出して、涙を拭きました。

손수건을 꺼내어 눈물을 닦았습니다.

フ

☑ フィルム
명 필름(film)

휘루무

この<u>フィルム</u>はカラーですか、白黒ですか。

이 필름은 칼라입니까, 흑백입니까?

ネ
ノ
ハ

115

✓ プール
명 풀(pool), 수영장

푸-루

<u>プール</u>で泳ぐのは本当に楽しいです。

수영장에서 헤엄치는 것은 정말 즐겁습니다.

✓ フォーク
명 포크(fork)

휘-꾸

箸が苦手なら、<u>フォーク</u>を使いなさい。

젓가락이 서툴면 포크를 사용하세요.

✓ ページ
명 페이지(page), 쪽

페-지

みんな、次の<u>ページ</u>を開いてください。

모두 다음 페이지를 펼쳐 주세요.

✓ ベッド
명 베드(bed), 침대

벳도

現在使っている<u>ベッド</u>は狭いです。

현재 사용하고 있는 침대는 좁습니다.

✓ ペット
명 애완동물(pet)

펫또

家の中で<u>ペット</u>を飼っています。

집 안에서 애완동물을 기르고 있습니다.

ホ

☑ **ボールペン**　　　　　　（명）볼펜(ball point pen)

보-루뻰

ボールペンがあれば、貸してください。

볼펜이 있으면 빌려 주세요.

☑ **ポケット**　　　　　　（명）포켓(pocket), 호주머니

포껫또

ジャケットにポケットがついています。

재킷에 주머니가 달려 있습니다.

☑ **ポスト**　　　　　　（명）포스트(post), 우체통, 우편함

포스또

手紙を近くにあるポストに入れました。

편지를 근처에 있는 우체통에 넣었습니다.

☑ **ボタン**　　　　　　（명）버튼(button), 단추

보땅

このボタンを押すと、ベルが鳴ります。

이 단추를 누르면 벨이 울립니다.

☑ **ホテル**　　　　　　（명）호텔(hotel)

호떼루

旅行に行ったら、ホテルで泊ります。

여행을 가면 호텔에서 묵습니다.

117

マ

☑ **マッチ** 　　　　　명 성냥(match)

맛찌

<ruby>火<rt>ひ</rt></ruby>をつけたいのに、**マッチ**がありません。

불을 붙이고 싶은데 성냥이 없습니다.

ラ

☑ **ラジオ** 　　　　　명 라디오(radio)

라지오

ラジオでいちばん<ruby>好<rt>す</rt></ruby>きな<ruby>歌<rt>うた</rt></ruby>が<ruby>出<rt>で</rt></ruby>ました。

라디오에서 제일 좋아하는 노래가 나왔습니다.

レ

☑ **レストラン** 　　　　　명 레스토랑(restaurant)

레스또랑

<ruby>高価<rt>こうか</rt></ruby>な**レストラン**にはあまり<ruby>行<rt>い</rt></ruby>きません。

값비싼 레스토랑에는 별로 가지 않습니다.

■ **ワイシャツ** (명) 와이셔츠(white shirt)

와이샤쯔

派手^{は で}な色^{いろ}の<u>ワイシャツ</u>を着^きています。

화려한 색의 와이셔츠를 입고 있습니다.

1 다음 단어에 해당하는 뜻을 서로 연결하세요.

(1) あたたかい ・ ・ ① 왜, 어째서

(2) つかれる ・ ・ ② 곧장, 곧바로

(3) すずしい ・ ・ ③ 태어나다

(4) まっすぐ ・ ・ ④ 피곤하다

(5) うまれる ・ ・ ⑤ 내리다, 오다

(6) くらい ・ ・ ⑥ 따뜻하다

(7) なぜ ・ ・ ⑦ 잊다, 잊어버리다

(8) ふる ・ ・ ⑧ 맛이 맵다

(9) わすれる ・ ・ ⑨ 서늘하다, 선선하다

(10) からい ・ ・ ⑩ 조용하다

(11) はたらく ・ ・ ⑪ 어둡다

(12) しずかだ ・ ・ ⑫ 일하다

해답

(1)⑥	(2)④	(3)⑨	(4)②	(5)③	(6)⑪
(7)①	(8)⑤	(9)⑦	(10)⑧	(11)⑫	(12)⑩

2 다음 한자에 해당하는 읽는 법을 보기에서 고르세요.

(1) 散歩

①さんぽ　　　　②さんぼ　　　　③さんぽう

(2) 上手

①じょず　　　　②じょうず　　　　③じょうずう

(3) 学校

①がっこう　　　　②かっこう　　　　③がくご

(4) 便利

①べんり　　　　②びんり　　　　③べんり

(5) 旅行

①りょうこ　　　　②りょこう　　　　③りょうこう

(6) 大学

①たいがく　　　　②だいがく　　　　③だいかく

해답

(1)①　　(2)②　　(3)①　　(4)③　　(5)②　　(6)②

(7) 去年　　　①こねん　　　②きょうねん　　　③きょねん

(8) 時計　　　①しけい　　　②とけい　　　③とうけい

(9) 二人　　　①ふたり　　　②ににん　　　③にじん

(10) 漢字　　　①はんじ　　　②がんじ　　　③かんじ

(11) 本当　　　①ぽんとう　　　②ほんどう　　　③ほんとう

(12) 地図　　　①ちず　　　②じず　　　③じす

해답
(7) ③　　(8) ②　　(9) ①　　(10) ③　　(11) ③　　(12) ①

3 다음 외래어에 해당하는 가타카나를 보기에서 고르세요.

(1) 아파트

　　① アパート　　　② アパト　　　③ オパート

(2) 나이프

　　① ナイプ　　　② ナープ　　　③ ナイフ

(3) 스포츠

　　① スポツ　　　② スポーツ　　　③ スポーツ

(4) 기타

　　① キタ　　　② ギター　　　③ ギタ

(5) 필름

　　① フィルム　　　② ピルム　　　③ フールム

(6) 택시

　　① テクシ　　　② タクシー　　　③ タクシ

해답

　　(1) ①　　(2) ③　　(3) ③　　(4) ②　　(5) ①　　(6) ②

(7) 라디오

　　①ラジオ　　　②レジオ　　　③ラデオ

(8) 캘린더

　　①ケリンダ　　②カレンダ　　③カレンダー

(9) 베드

　　①ベド　　　　②ベッド　　　③ベード

(10) 커피

　　①コーヒー　　②コピ　　　　③コーヒ

(11) 포크

　　①ボク　　　　②フォーク　　③ポーク

(12) 클래스

　　①クラース　　②クラス　　　③クルス

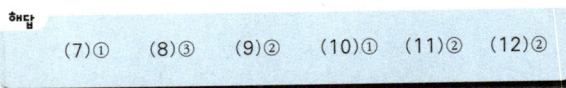

해답

(7) ①　　(8) ③　　(9) ②　　(10) ①　　(11) ②　　(12) ②

4 다음 문장에 해당하는 단어를 보기에서 고르세요.

> ①危ないです　　②好きです　　③両親
> ④分かりますか　　⑤みんな

(1) 부모님은 친척 집에 가 있습니다.
　　(　　　)は親戚のうちに行っています。

(2) 학생들은 모두 교실에 있습니다.
　　学生たちは(　　　)教室にいます。

(3) 여기는 차가 많아서 위험합니다.
　　ここは車が多くて(　　　)。

(4) 나는 텔레비전을 보는 것을 좋아합니다.
　　私はテレビを見るのが(　　　)。

(5) 이 단어의 뜻을 알겠습니까?
　　この単語の意味が(　　　)。

해답

| (1)③ | (2)⑤ | (3)① | (4)② | (5)④ |

일본을 가리키는 말 和(わ)

일본인들은 자기 나라인 일본을 가리켜 和(わ)라고 부른다. 우리나라에서도 1950년대부터 일본음식점을 '화식집'이라고 불렀는데, 이 말이 바로 일본어 和食(わしょく)에서 한자음 그대로 따온 말이다. 1970년대부터는 일식(日食)이라는 표현을 쓰기 시작했는데, 日食(にっしょく)라는 말은 일본어에 존재하지 않는다.

和食(わしょく)　　일본음식, 일본요리
　　　　　　　　　[대표적인 것으로 사시미(刺身), 스시(寿司)가 있다]

和風(わふう)　　　일본풍, 일본식, 일본 스타일
　　　　　　　　　[일본 고유의 전통을 따른 것을 가리킨다]

和室(わしつ)　　　일본식 방
　　　　　　　　　[바닥에 다타미(畳)를 깔아놓은 방을 가리킨다]

和菓子(わがし)　　일본 과자
　　　　　　　　　[대표적인 것으로 센베(煎餅)가 있다]

2장

왕초보 탈출

2단계

1단계 기초단어를 배운 분들을 위한 초급 단어

あ

☑ **あいさつ** 挨拶　　　　명 인사

아이사쯔

先生に会ったときは挨拶をします。

선생님을 만났을 때는 인사를 합니다.

☑ **あいだ** 間　　　　명 사이, 동안

아이다

村と駅の間をバスが通ります。

마을과 역 사이를 버스가 지나갑니다.

☑ **あかちゃん** 赤ちゃん　　　명 갓난아기

아까짱

赤ちゃんの顔が父と似ています。

갓난아기의 얼굴이 아버지와 닮았습니다.

☑ **あがる** 上がる　　　　동 오르다

아가루

今年は給料が少し上がりました。

올해는 월급이 조금 올랐습니다.

☑ **あく** 空く　　　　동 비다

아꾸

今は空いている席がありません。

지금은 비어 있는 자리가 없습니다.

128

あ

☑ **あげる**　　　　　　(동) 올리다, 드리다

아게루

子供たちが空にたこを<ruby>あげ<rt></rt></ruby>ています。

아이들이 하늘에 연을 올리고 있습니다.

☑ **あさい** 浅い　　　　(い형) 얕다

아사이

浅いところでは泳いでも大丈夫です。

얕은 곳에서는 헤엄쳐도 괜찮습니다.

☑ **あじ** 味　　　　　　(명) 맛

아지

このキムチも辛い味がしません。

이 김치는 매운 맛이 나지 않습니다.

☑ **あそび** 遊び　　　　(명) 놀이

아소비

そんな危ない遊びをしてはいけません。

그런 위험한 놀이를 해서는 안 됩니다.

☑ **あつまる** 集まる　　(동) 모이다

아쯔마루

遅くても五時まで集まってください。

늦어도 5시까지 모여 주세요.

☑ **あつめる** 集める　　(동) 모으다

아쯔메루

大勢いの人を広場に集めました。

많은 사람들을 광장으로 모았습니다.

☑ **あやまる** 謝る   동 사과하다

아야마루

<ruby>何<rt>なに</rt></ruby>よりも<ruby>謝<rt>あやま</rt></ruby>ることが<ruby>一番<rt>いちばん</rt></ruby>いいです。

무엇보다도 사과하는 것이 가장 좋습니다.

☑ **あんしんする** 安心する   동 안심하다

안신스루

あなたが<ruby>一緒<rt>いっしょ</rt></ruby>にいるから、<ruby>安心<rt>あんしん</rt></ruby>します。

당신이 함께 있으니까 안심입니다.

☑ **あんぜんだ** 安全だ   な형 안전하다

안젠다

この<ruby>建物<rt>たてもの</rt></ruby>は<ruby>地震<rt>じしん</rt></ruby>にも<ruby>安全<rt>あんぜん</rt></ruby>です。

이 건물은 지진에도 안전합니다.

☑ **あんないする** 案内する   동 안내하다

안나이스루

<ruby>会議室<rt>かいぎしつ</rt></ruby>に<ruby>案内<rt>あんない</rt></ruby>するから、こちらへどうぞ。

회의실로 안내하겠으니, 이쪽으로 오세요.

い

☑ **いか** 以下   명 이하

이까

<ruby>再試験<rt>さいしけん</rt></ruby>は<ruby>八十点<rt>はちじゅってん</rt></ruby><ruby>以下<rt>いか</rt></ruby>の<ruby>人<rt>ひと</rt></ruby>だけです。

재시험은 80점 이하인 사람만입니다.

い

☑ **いがい** 以外　　　(명) 이외

이가이

私<u>以外</u>の人は何にも知りません。

나 이외의 사람은 아무것도 모릅니다.

☑ **いがく** 医学　　　(명) 의학

이가꾸

<u>医学</u>の発展で、癌も治すようになりました。

의학의 발전으로, 암도 고치게 되었습니다.

☑ **いきる** 生きる　　　(동) 살다

이끼루

一生健康で楽しく<u>生きたい</u>です。

평생 건강하고 즐겁게 살고 싶습니다.

☑ **いけん** 意見　　　(명) 의견

이껭

どうしてもこの<u>意見</u>には賛成できません。

도저히 이 의견에는 찬성할 수 없습니다.

☑ **いし** 石　　　(명) 돌

이시

山で変な形の<u>石</u>を見つけました。

산에서 이상한 모양의 돌을 발견했습니다.

☑ **いじめる**　　　(동) 괴롭히다, 못살게 굴다

이지메루

動物を<u>いじめる</u>のはよくありません。

동물을 괴롭히는 것은 좋지 않습니다.

☑ **いじょう** 以上　　　(명) 이상

이죠-

事件にこれ以上関わらないでください。

사건에 더 이상 관련되지 말아 주세요.

☑ **いそぐ** 急ぐ　　　(동) 서두르다

이소구

約束時間に遅れて急いでいます。

약속시간에 늦어서 서두르고 있습니다.

☑ **いっしょうけんめい(に)** 一生懸命(に)　(부) 열심히

잇쑈-껨메-(니)

一生懸命に英語の勉強をしています。

열심히 영어 공부를 하고 있습니다.

☑ **いっぱい** 一杯　　　(부) 가득

입빠이

箱の中におもちゃをいっぱい入れました。

상자 속에 장난감을 가득 넣었습니다.

☑ **いと** 糸　　　(명) 실

이또

針と糸を使って、縫い物をします。

바늘과 실을 사용하여 바느질을 합니다.

☑ **いない** 以内　　　(명) 이내

이나이

三日以内に結論を出してください。

3일 이내로 결론을 내 주세요.

132

☑ **いなか** 田舎　　　⑲ 시골

이나까

年をとったら、田舎で暮らしたいです。

나이를 먹으면, 시골에서 지내고 싶습니다.

☑ **いのる** 祈る　　　⑧ 빌다, 기원하다

이노루

息子が就職できるように祈っています。

아들이 취직될 수 있도록 빌고 있습니다.

う

☑ **うえる** 植える　　　⑧ 심다

우에루

畑には大根が植えてあります。

밭에는 무가 심어져 있습니다.

☑ **うけつけ** 受付　　　⑲ 접수(처)

우께쯔께

詳しいことは受付に聞いてください。

자세한 것은 접수처에 물어 보세요.

☑ **うける** 受ける　　　⑧ 받다

우께루

大学で奨学金を受けています。

대학교에서 장학금을 받고 있습니다.

う

133

☑ うごく 動く   동 움직이다

우고꾸

まだ左側の足を動くことができません。

아직 왼쪽 다리를 움직일 수가 없습니다.

☑ うそ 嘘   명 거짓말

우소

彼はほかの人にも嘘をつきました。

그는 다른 사람에게도 거짓말을 했습니다.

☑ うつ 打つ   동 치다, 때리다

우쯔

壁にくぎを打つ音がうるさいです。

벽에 못을 박는 소리가 시끄럽습니다.

☑ うつくしい 美しい   い형 아름답다

우쯔꾸시ー

景色がまるで絵のように美しいです。

경치가 마치 그림처럼 아름답습니다.

☑ うつす 写す   동 베끼다, 찍다

우쯔스

友だちのノートをそのまま写しました。

친구의 노트를 그대로 베꼈습니다.

☑ うつる 移る   동 옮기다, 이동하다

우쯔루

来年は会社が東京に移る予定です。

내년에는 회사가 도쿄로 이전될 예정입니다.

☑ **うで** 腕　　　　　（명） 팔

우데

<ruby>彼<rt>かれ</rt></ruby>は<ruby>足<rt>あし</rt></ruby>よりも<ruby>腕<rt>うで</rt></ruby>の<ruby>力<rt>ちから</rt></ruby>が<ruby>強<rt>つよ</rt></ruby>いです。

그는 다리보다도 팔의 힘이 셉니다.

う

☑ **うまい**　　　　　（い형） 맛있다, 잘한다

우마이

この<ruby>店<rt>みせ</rt></ruby>はスパゲッティが<ruby>一番<rt>いちばん</rt></ruby>うまいです。

이 음식점은 스파게티가 가장 맛있습니다.

☑ **うら** 裏　　　　　（명） 뒤, 뒷면

우라

<ruby>倉庫<rt>そうこ</rt></ruby>の<ruby>裏<rt>うら</rt></ruby>にはゴミがたくさんあります。

창고 뒤에는 쓰레기가 가득 있습니다.

☑ **うりば** 売場　　　　　（명） 매장

우리바

アクセサリーの<ruby>売場<rt>うりば</rt></ruby>は<ruby>何階<rt>なんかい</rt></ruby>にありますか。

액세서리 매장은 몇 층에 있습니까?

☑ **うれしい** 嬉しい　　　　　（い형） 기쁘다

우레시-

<ruby>先生<rt>せんせい</rt></ruby>に<ruby>褒<rt>ほ</rt></ruby>められて、とても<ruby>嬉<rt>うれ</rt></ruby>しいです。

선생님한테 칭찬을 받아서 너무 기쁩니다.

☑ **うんてん** 運転　　　　　（명） 운전

운뗸

<ruby>今<rt>いま</rt></ruby>まで<ruby>運転<rt>うんてん</rt></ruby>をしてみたことがありません。

지금까지 운전을 해 본 적이 없습니다.

135

うんどう 運動 ㉮ 운동

운도-

勉強(べんきょう)より**運動**(うんどう)が好(す)きな人(ひと)もいます。

공부보다 운동을 좋아하는 사람도 있습니다.

え

えだ 枝 ㉮ 가지, 갈래

에다

大(おお)きい木(き)には**枝**(えだ)も茂(しげ)ています。

큰 나무에는 가지도 무성합니다.

えらぶ 選ぶ ㉯ 고르다, 선택하다

에라부

結局(けっきょく)、彼女(かのじょ)はどちらを**選**(えら)**びましたか**。

결국 그녀는 어느 쪽을 선택했습니까?

えんりょする 遠慮する ㉯ 사양하다, 거절하다

엔료스루

そこまで**遠慮**(えんりょ)**する**必要(ひつよう)はありません。

그렇게까지 사양할 필요는 없습니다.

お

☑ **おいわい** お祝い　　**명** 축하

오이와이

合格のお祝いをしてあげたいです。

합격 축하를 해 주고 싶습니다.

☑ **おかげだ**　　**な형** 덕택이다, 덕분이다

오까게다

私の成功はすべてあなたのおかげです。

나의 성공은 전부 당신 덕분입니다.

☑ **おかしい**　　**い형** 이상하다, 우습다

오까시-

漫画の内容がおかしくて笑いました。

만화책의 내용이 우스워서 웃었습니다.

☑ **おかね** お金　　**명** 돈

오까네

今はそれを買うお金がありません。

지금은 그것을 살 돈이 없습니다.

☑ **〜おきに**　　**부조** ~걸러, ~간격으로

오끼니

何メートルおきに印がついていますか。

몇 미터 간격으로 표시가 붙어 있습니까?

137

☑ **おくじょう** 屋上　　　명 옥상

오꾸죠-

ビルの屋上にベンチが置いてあります。

빌딩의 옥상에 벤치가 놓여져 있습니다.

☑ **おくりもの** 贈り物　　명 선물

오꾸리모노

田舎にいるおばあさんに贈り物をしました。

시골에 있는 할머니에게 선물을 했습니다.

☑ **おくる** 送る　　　동 보내다

오꾸루

小包の中にメモを入れて送ります。

소포 안에 메모를 넣어서 보내겠습니다.

☑ **おくれる** 遅れる　　동 늦다

오꾸레루

学校に遅れる理由を話しなさい。

학교에 지각하는 이유를 말하세요.

☑ **おこす** 起こす　　　동 일으키다

오꼬스

昨日の事故は誰が起こしましたか。

어제 사고는 누가 일으켰습니까?

☑ **おこなう** 行う　　　동 행하다, 거행하다

오꼬나우

卒業式は午前十時に行います。

졸업식은 오전 10시에 하겠습니다.

☑ **おこる** 怒る　　　（동）화내다

오꼬루

父の怒った顔はとても怖いです。

아버지의 화난 얼굴은 매우 무섭습니다.

☑ **おしいれ** 押入れ　　（명）벽장

오시이레

押入れの中にはどんな物が入っていますか。

벽장 안에는 어떤 물건이 들어 있습니까?

☑ **おちる** 落ちる　　（동）떨어지다

오찌루

食卓から箸が落ちて食べられません。

식탁에서 젓가락이 떨어져 먹을 수 없습니다.

☑ **おっと** 夫　　　（명）남편

옷또

夫は今日から出張に行っています。

남편은 오늘부터 출장을 가 있습니다.

☑ **おつり** お釣り　　（명）거스름돈

오쯔리

千円を出したら、百円のおつりをくれました。

1,000엔을 냈더니, 100엔의 거스름돈을 주었습니다.

☑ **おと** 音　　　（명）소리

오또

窓の外から変な音が聞こえます。

창 밖에서 이상한 소리가 들립니다.

お

☑ **おとす** 落とす   동 떨어뜨리다

오또스

荷物が重くて、下に落としました。

짐이 무거워서 바닥에 떨어뜨렸습니다.

☑ **おどり** 踊り   명 춤

오도리

踊りがうまいから、ダンサーになれます。

춤을 잘 추니까, 댄서가 될 수 있습니다.

☑ **おどる** 踊る   동 춤추다

오도루

音楽に合せて、自由に踊ってみなさい。

음악에 맞춰 자유롭게 춤춰 보세요.

☑ **おどろく** 驚く   동 놀라다

오도로꾸

その話を聞いて、本当に驚きました。

그 이야기를 듣고 정말 놀랐습니다.

☑ **おみまい** お見舞い   명 문병

오미마이

母が入院して、お見舞いに行きます。

어머니가 입원하여 문병을 갑니다.

☑ **おみやげ** お土産   명 선물, 기념품

오미야게

日本で買ってきたお土産はお菓子です。

일본에서 사 온 선물은 과자입니다.

☑ **おもいだす** 思い出す 동 생각해내다

오모이다스

彼女の名前をやっと思い出しました。
かのじょ　なまえ　　　　　おも　だ

그녀의 이름을 간신히 생각해냈습니다.

☑ **おもう** 思う 동 생각하다

오모우

先生の解説についてどう思いますか。
せんせい　かいせつ　　　　　　　おも

선생님의 해설에 대해 어떻게 생각합니까?

お

☑ **おもちゃ** 명 장난감

오모쨔

おもちゃの中でロボットが好きです。
なか　　　　　　　す

장난감 중에서 로봇을 좋아합니다.

☑ **おもて** 表 명 겉, 겉면

오모떼

箱の表に名前が書いてあります。
はこ　おもて　なまえ　か

상자 겉에 이름이 적혀 있습니다.

☑ **おゆ** お湯 명 뜨거운 물, 탕

오유

冷たい水を沸かすと、お湯になります。
つめ　　みず　わ　　　　　　　ゆ

차가운 물을 끓이면 뜨거운 물이 됩니다.

☑ **おりる** 降りる 동 내리다

오리루

電車から降りて、五分ぐらい歩きます。
でんしゃ　　　お　　　ごふん　　　ある

전철에서 내려 5분 정도 걷습니다.

☑ **おる** 折る   동 접다, 꺾다

오루

紙は半分に折って捨ててください。

종이는 반으로 접어서 버려 주세요.

☑ **おれい** お礼   명 사례, 감사 인사

오레-

直接会いに行って、お礼を言います。

직접 만나러 가서 감사 인사를 하겠습니다.

☑ **おれる** 折れる   동 접히다, 꺾이다

오레루

強く握ると、鉛筆の芯が折れます。

세게 쥐면 연필의 심이 부러집니다.

☑ **おわり** 終わり   명 끝, 결말

오와리

朝早く起きるのも今日で終わりです。

아침 일찍 일어나는 것도 오늘로 끝입니다.

☑ **かいがん** 海岸   명 해안, 해변

카이강

子供たちが海岸で楽しく遊びます。

아이들이 해변에서 즐겁게 놉니다.

☑ **かいぎ** 会議　　　　　명 회의

カイギ

あした かいぎ ご ご に じ
明日の会議は午後二時からです。

내일 회의는 오후 2시부터입니다.

☑ **かいじょう** 会場　　　　명 회장

カイ죠−

ひと かいじょう なか はい
人たちが会場の中に入ってきます。

사람들이 회장 안으로 들어옵니다.

☑ **かいわ** 会話　　　　　명 회화

カイ와

がいこくじん かい わ ひと
外国人と会話ができる人がいますか。

외국인과 회화가 가능한 사람이 있습니까?

☑ **かえり** 帰り　　　　　명 돌아옴, 귀가

カエ리

きょう かえ はや
今日はいつもより帰りが早かったです。

오늘은 평소보다 귀가가 빨랐습니다.

☑ **かえる** 変える　　　　동 바꾸다

カエ루

かみがた か わか み
髪型を変えたら、もっと若く見えます。

머리모양을 바꿨더니 더욱 젊게 보입니다.

☑ **かがく** 科学　　　　　명 과학

カ가꾸

か がく かん くわ
科学に関することなら、詳しいです。

과학에 관한 것이라면 잘 알고 있습니다.

か

143

☑ **かがみ** 鏡　　　　　명 거울

カガミ

鏡を見ながら、化粧をしています。

거울을 보면서 화장을 하고 있습니다.

☑ **かける**　　　　　동 걸다

カッケルー

その絵は左側の壁にかけました。

그 그림은 왼쪽 벽에 걸었습니다.

☑ **かざる** 飾る　　　　동 꾸미다, 장식하다

カザルー

前より明るい感じで飾りましょう。

전보다 밝은 느낌으로 장식합시다.　.

☑ **かじ** 火事　　　　　명 화재

カジ

駅前の薬屋で火事が起こりました。

역 앞의 약국에서 화재가 났습니다.

☑ **かたい** 固い・堅い・硬い　　い형 단단하다, 딱딱하다

カッタイ

突然、顔の表情が固くなりました。

갑자기 얼굴 표정이 굳어졌습니다.

☑ **かたち** 形　　　　　명 모양, 형태

カッタッチ

どんな形の作品を作っていますか。

어떤 형태의 작품을 만들고 있습니까?

144

☑ **かたづける** 片付ける **(동)** 정리하다

카따즈께루

自分の部屋は自分で片付けています。

자기 방은 스스로 정리하고 있습니다.

☑ **かつ** 勝つ **(동)** 이기다

카쯔

うちのチームが相手チームを勝ちました。

우리 팀이 상대편 팀을 이겼습니다.

☑ **かっこう** 格好 **(명)** 모양, 모습, 복장

칵꼬-

汚い格好をした人は入場できません。

지저분한 복장을 한 사람은 입장할 수 없습니다.

か

☑ **かなしい** 悲しい **(い형)** 슬프다

카나시-

この映画の結末はとても悲しいです。

이 영화의 결말은 너무 슬픕니다.

☑ **かならず** 必ず **(부)** 반드시, 꼭

카나라즈

今週中は必ず提出してください。

이번 주 중에는 반드시 제출해 주세요.

☑ **かべ** 壁 **(명)** 벽

카베

壁に大きい時計がかかっています。

벽에 큰 시계가 걸려 있습니다.

145

☑ **かまう** 構う   ⑧ 상관하다

카마우

忙しい方は帰っても構いません。

바쁜 분은 돌아가도 상관없습니다.

☑ **かみ** 髪   ⑲ 머리카락

카미

髪を伸ばしてパーマをかけたいです。

머리를 길러서 파마를 하고 싶습니다.

☑ **かむ** 噛む   ⑧ 씹다

카무

食事をしたあとは、いつもガムを噛みます。

식사를 한 후에는 항상 껌을 씹습니다.

☑ **かよう** 通う   ⑧ 다니다

카요우

妹はまだ小学校に通っています。

여동생은 아직 초등학교에 다니고 있습니다.

☑ **かわく** 乾く   ⑧ 마르다

카와꾸

ペンキを塗った椅子がもう乾きました。

페인트를 칠한 의자가 벌써 말랐습니다.

☑ **かわりに** 代わりに   ⑨ 대신에

카와리니

私の代わりに参席してくれませんか。

내 대신 참석해 주지 않겠습니까?

☑ **かわる** 変わる　　（동）바뀌다, 변하다

카와루

大人になって、性格が変わりました。

어른이 되고 나서 성격이 바뀌었습니다.

☑ **かんがえる** 考える　　（동）생각하다

캉가에루

一度も考えてみたことがありません。

한번도 생각해 본 적이 없습니다.

☑ **かんけい** 関係　　（명）관계

캉께-

この事件とはどんな関係がありますか。

이 사건과는 어떤 관계가 있습니까?

☑ **かんごふ** 看護婦　　（명）간호사

캉고후

医者のそばにはいつも看護婦がいます。

의사 곁에는 항상 간호사가 있습니다.

☑ **かんたんだ** 簡単だ　　（な형）간단하다

칸딴다

問題を解く方法はとても簡単です。

문제를 푸는 방법은 매우 간단합니다.

☑ **がんばる** 頑張る　　（동）노력하다, 힘내다

감바루

どんなことがあっても、頑張ります。

어떠한 일이 있어도 노력하겠습니다.

か

147

き

- ☑ **きかい** 機械　　　　　　　**명** 기계

  키까이

  <ruby>動<rt>うご</rt></ruby>いていた<ruby>機械<rt>き かい</rt></ruby>が<ruby>急<rt>きゅう</rt></ruby>に<ruby>止<rt>と</rt></ruby>まりました。

  움직이고 있던 기계가 갑자기 멈췄습니다.

- ☑ **きかい** 機会　　　　　　　**명** 기회

  키까이

  <ruby>機会<rt>き かい</rt></ruby>があれば、また<ruby>会<rt>あ</rt></ruby>えるでしょう。

  기회가 있으면 또 만날 수 있을 것입니다.

- ☑ **きけんだ** 危険だ　　　　　**な형** 위험하다

  키껜다

  あの<ruby>動物<rt>どうぶつ</rt></ruby>に<ruby>近付<rt>ちか づ</rt></ruby>くのはとても<ruby>危険<rt>き けん</rt></ruby>です。

  저 동물에게 접근하는 것은 매우 위험합니다.

- ☑ **きこえる** 聞こえる　　　　**동** 들리다

  키꼬에루

  <ruby>外<rt>そと</rt></ruby>でけんかをする<ruby>声<rt>こえ</rt></ruby>が<ruby>聞<rt>き</rt></ruby>こえます。

  바깥에서 싸움을 하는 목소리가 들립니다.

- ☑ **きしゃ** 汽車　　　　　　　**명** 기차

  키샤

  <ruby>初<rt>はじ</rt></ruby>めて<ruby>汽車<rt>き しゃ</rt></ruby>に<ruby>乗<rt>の</rt></ruby>って<ruby>旅行<rt>りょこう</rt></ruby>に<ruby>行<rt>い</rt></ruby>きます。

  처음으로 기차를 타고 여행을 갑니다.

☑ **ぎじゅつ** 技術　　　　（명）기술

기쥬쯔

<ruby>彼<rt>かれ</rt></ruby>は<ruby>新<rt>あたら</rt></ruby>しい<ruby>技術<rt>ぎじゅつ</rt></ruby>を<ruby>習<rt>なら</rt></ruby>っています。

그는 새로운 기술을 배우고 있습니다.

☑ **きせつ** 季節　　　　（명）계절

키세쯔

もうすぐ<ruby>花<rt>はな</rt></ruby>が<ruby>咲<rt>さ</rt></ruby>く<ruby>季節<rt>きせつ</rt></ruby>になります。

이제 곧 꽃이 피는 계절이 됩니다.

☑ **きそく** 規則　　　　（명）규칙

키소꾸

<ruby>文章<rt>ぶんしょう</rt></ruby>の<ruby>中<rt>なか</rt></ruby>に<ruby>規則<rt>きそく</rt></ruby>が<ruby>含<rt>ふく</rt></ruby>まれています。

문장 안에 규칙이 포함되어 있습니다.

☑ **きっと**　　　　　　（부）꼭, 분명, 반드시

킷또

<ruby>今<rt>いま</rt></ruby><ruby>出発<rt>しゅっぱつ</rt></ruby>すれば、きっと<ruby>間<rt>ま</rt></ruby>に<ruby>合<rt>あ</rt></ruby>います。

지금 출발하면 분명 시간에 맞출 수 있습니다.

☑ **きびしい** 厳しい　　（い형）엄하다, 엄격하다

키비시-

<ruby>父<rt>ちち</rt></ruby>はいつも<ruby>厳<rt>きび</rt></ruby>しい<ruby>口調<rt>くちょう</rt></ruby>で<ruby>話<rt>はな</rt></ruby>します。

아버지는 늘 엄격한 말투로 이야기합니다.

☑ **きぶん** 気分　　　　（명）기분

키붕

ぐっすり<ruby>休<rt>やす</rt></ruby>んだら、いい<ruby>気分<rt>きぶん</rt></ruby>になりました。

푹 쉬었더니, 기분이 좋아졌습니다.

き

149

☑ **きまる** 決まる　　　（동） 정해지다, 결정되다

키마루

今年もまだ就職が決まっていません。

올해도 아직 취직이 결정되지 않았습니다.

☑ **きめる** 決める　　　（동） 정하다, 결정하다

키메루

メニューを見て、何を食べるか決めます。

메뉴를 보고, 무엇을 먹을지 정하겠습니다.

☑ **きもち** 気持ち　　　（명） 기분, 마음

키모찌

相手の気持ちも少しは理解できます。

상대방의 기분도 조금은 이해됩니다.

☑ **きょういく** 教育　　　（명） 교육

쿄-이꾸

今月から新入社員の教育をします。

이번 달부터 신입사원의 교육을 합니다.

☑ **きょうかい** 教会　　　（명） 교회

쿄-까이

毎週日曜日は教会に行っています。

매주 일요일은 교회에 가고 있습니다.

☑ **きょうそう** 競争　　　（명） 경쟁

쿄-소-

このコンクールは毎年競争が激しいです。

이 콩쿠르는 매년 경쟁이 치열합니다.

☑ **きょうみ** 興味　　　명 흥미

쿄-미

<ruby>経済<rt>けいざい</rt></ruby>についてはまったく<ruby>興味<rt>きょうみ</rt></ruby>がありません。

경제에 대해서는 전혀 흥미가 없습니다.

☑ **きんじょ** 近所　　　명 근처, 이웃

킨죠

<ruby>近所<rt>きんじょ</rt></ruby>の<ruby>薬屋<rt>くすりや</rt></ruby>で<ruby>風邪薬<rt>かぜぐすり</rt></ruby>を<ruby>買<rt>か</rt></ruby>いました。

근처 약국에서 감기약을 샀습니다.

く

☑ **ぐあい** 具合　　　명 형편, 상황, 컨디션

구아이

<ruby>今日<rt>きょう</rt></ruby>は<ruby>具合<rt>ぐあい</rt></ruby>が<ruby>悪<rt>わる</rt></ruby>くて<ruby>早退<rt>そうたい</rt></ruby>したいです。

오늘은 컨디션이 안 좋아서 조퇴하고 싶습니다.

☑ **くうき** 空気　　　명 공기

쿠-끼

<ruby>朝<rt>あさ</rt></ruby>の<ruby>新鮮<rt>しんせん</rt></ruby>な<ruby>空気<rt>くうき</rt></ruby>は<ruby>気持<rt>きも</rt></ruby>ちがいいです。

아침의 신선한 공기는 기분이 좋습니다.

☑ **くうこう** 空港　　　명 공항

쿠-꼬-

<ruby>空港<rt>くうこう</rt></ruby>に<ruby>何時<rt>なんじ</rt></ruby>ごろ<ruby>到着<rt>とうちゃく</rt></ruby>すればいいですか。

공항에 몇 시쯤 도착하면 됩니까?

151

☑ **くさ** 草 　　　　　（명） 풀

쿠사

<ruby>道端<rt>みちばた</rt></ruby>に<ruby>色々<rt>いろいろ</rt></ruby>な<ruby>草<rt>くさ</rt></ruby>が<ruby>生<rt>は</rt></ruby>えています。

길가에 여러 가지 풀이 나 있습니다.

☑ **くび** 首 　　　　　（명） 목

쿠비

<ruby>彼女<rt>かのじょ</rt></ruby>は<ruby>首<rt>くび</rt></ruby>が<ruby>長<rt>なが</rt></ruby>くて、もっときれいです。

그녀는 목이 길어서 더욱 예쁩니다.

☑ **くも** 雲 　　　　　（명） 구름

쿠모

<ruby>空<rt>そら</rt></ruby>を<ruby>見上<rt>みあ</rt></ruby>げたら、<ruby>白<rt>しろ</rt></ruby>い<ruby>雲<rt>くも</rt></ruby>が<ruby>見<rt>み</rt></ruby>えます。

하늘을 올려다보니 하얀 구름이 보입니다.

☑ **くらべる** 比べる 　（동） 비교하다

쿠라베루

<ruby>二人<rt>ふたり</rt></ruby>の<ruby>成績<rt>せいせき</rt></ruby>を<ruby>比<rt>くら</rt></ruby>べた<ruby>結果<rt>けっか</rt></ruby>が<ruby>出<rt>で</rt></ruby>ました。

두 사람의 성적을 비교한 결과가 나왔습니다.

☑ **くれる** 　　　　　（동） (남이 나에게) 주다

쿠레루

<ruby>友<rt>とも</rt></ruby>だちがお<ruby>弁当<rt>べんとう</rt></ruby>を<ruby>分<rt>わ</rt></ruby>けてくれました。

친구들이 도시락을 나누어 주었습니다.

☑ **くれる** 暮れる 　　（동） (날이) 저물다

쿠레루

<ruby>夕方<rt>ゆうがた</rt></ruby>になると、<ruby>日<rt>ひ</rt></ruby>が<ruby>暮<rt>く</rt></ruby>れて<ruby>暗<rt>くら</rt></ruby>くなります。

저녁때가 되면 해가 져서 어두워집니다.

☑ **け** 毛　　　　　　　　명 **털, 머리카락**

케

この犬は体中に毛が多いです。
<small>いぬ　からだじゅう　け　おお</small>

이 개는 몸 전체에 털이 많습니다.

☑ **けいかく** 計画　　　　명 **계획**

케-까꾸

何があっても、計画どおりに実行しなさい。
<small>なに　　　　　　　けいかく　　　　　　じっこう</small>

무슨 일이 있어도 계획 대로 실행하세요.

☑ **けいけん** 経験　　　　명 **경험**

케-껭

アルバイトをしながら、経験を積んでいます。
<small>けいけん　つ</small>

아르바이트를 하면서 경험을 쌓고 있습니다.

☑ **けいざい** 経済　　　　명 **경제**

케-자이

経済に関することはまったく知りません。
<small>けいざい　かん　　　　　　　　　　し</small>

경제에 관한 것은 전혀 모릅니다.

☑ **けいさつ** 警察　　　　명 **경찰**

케-사쯔

泥棒が入ってきて、警察を呼びました。
<small>どろぼう　はい　　　　　　けいさつ　よ</small>

도둑이 들어와서 경찰을 불렀습니다.

け

153

☑ **けがする** 怪我する   ⑧ 다치다, 상처 입다

케가스루

腕を<u>怪我して</u>、しばらくは使えません。

팔을 다쳐서 한동안은 사용할 수 없습니다.

☑ **けしき** 景色   ⑨ 경치

케시끼

こんな素敵な<u>景色</u>は見たことがありません。

이런 멋진 경치는 본 적이 없습니다.

☑ **けしごむ** 消しゴム   ⑨ 지우개

케시고무

字を間違えたら、<u>消しゴム</u>で消しなさい。

글자를 잘못 썼으면 지우개로 지우세요.

☑ **げしゅく** 下宿   ⑨ 하숙

게슈꾸

大学生の時はずっと<u>下宿</u>をしました。

대학생 때는 계속 하숙을 했습니다.

☑ **けっして** 決して   ⑨ 결코

켓씨떼

私は<u>決して</u>そんな発言をしませんでした。

나는 결코 그런 발언을 하지 않았습니다.

☑ **けれど(も)**   ⑳ 그러나, 그렇지만

케레도(모)

お金はあります。<u>けれども</u>、貸すお金はありません。

돈은 있습니다. 그렇지만, 빌려 줄 돈은 없습니다.

154

☑ **げんいん** 原因　　　⑲ 원인

겡잉

この事故の原因は不注意によることです。

이 사고의 원인은 부주의에 의한 것입니다.

☑ **けんか** 喧嘩　　　⑲ 싸움

켕까

大人になってからはけんかをしませんでした。

어른이 된 후로는 싸움을 하지 않았습니다.

☑ **けんきゅうする** 研究する　　⑧ 연구하다

켕뀨-스루

彼は数学を研究している学者です。

그는 수학을 연구하고 있는 학자입니다.

☑ **けんぶつ** 見物　　　⑲ 구경

켐부쯔

久しぶりに芝居を見物に行きたいです。

오래간만에 연극을 구경하러 가고 싶습니다.

こ

☑ **こうがい** 郊外　　　⑲ 교외

코-가이

郊外の道路は都心ほど込みません。

교외의 도로는 도심만큼 막히지 않습니다.

✔ こうぎょう 工業　　명 공업

코ー교ー

<u>工業</u>と産業がともに発展しています。

공업과 산업이 함께 발전하고 있습니다.

✔ こうこう 高校　　명 고등학교

코ー꼬ー

<u>高校</u>に入ってから、成績が上がりました。

고등학교에 들어가고 나서 성적이 올랐습니다.

✔ こうこうせい 高校生　　명 고등학생

코ー꼬ー세ー

姉は<u>高校生</u>で、私は中学生です。

언니(누나)는 고등학생이고, 나는 중학생입니다.

✔ こうじょう 工場　　명 공장

코ー죠ー

この煙は<u>工場</u>から出てくるものです。

이 연기는 공장에서 나오는 것입니다.

✔ こうちょう 校長　　명 교장

코ー쬬ー

来月から新しい<u>校長</u>が来るそうです。

다음 달부터 새로운 교장이 온다고 합니다.

✔ こうつう 交通　　명 교통

코ー쯔ー

<u>交通</u>が便利なところで暮らしたいです。

교통이 편리한 곳에서 살고 싶습니다.

156

☑ **こうどう** 講堂　　　㈱ 강당

코-도-

講堂には誰も来ていないようです。

강당에는 아무도 와 있지 않은 것 같습니다.

☑ **こくさい** 国際　　　㈱ 국제

콕싸이

国際の関係はますます複雑になります。

국제 관계는 점점 더 복잡해집니다.

☑ **こころ** 心　　　㈱ 마음

코꼬로

心の中ではもう全てを許しました。

마음속으로는 이미 모든 것을 용서했습니다.

☑ **ごしゅじん** ご主人　　　㈱ (남의) 남편

고슈징

ご主人はいつも帰りが遅いですか。

남편 분은 항상 귀가가 늦습니까?

☑ **こしょうする** 故障する　　　㈱ 고장나다

코쇼-스루

自転車が故障して、修理しなければなりません。

자전거가 고장 나서 수리하지 않으면 안 됩니다.

☑ **こたえ** 答え　　　㈱ 답, 대답

코따에

私の答えが正しいかどうか、分かりません。

내 답이 맞는지 어떤지 모르겠습니다.

こ

☑ こと 事 　　　　　　　　**명** 일, 사건

코또

この事は誰にも言わないでください。

이 일은 아무에게도 말하지 말아 주세요.

☑ このあいだ この間 　　　**명** 요전, 지난 번

코노아이다

この間、デパートで先生と会いました。

지난 번에 백화점에서 선생님과 만났습니다.

☑ このごろ この頃 　　　　**명** 요즘, 최근

코노고로

この頃仕事が多くて疲れています。

요즘 일이 많아서 지쳐 있습니다.

☑ こまかい 細かい 　　　　**い형** 작다, 세심하다

코마까이

細かいことまで気にしなくてもいいです。

세세한 것까지 신경 쓰지 않아도 됩니다.

☑ ごみ 　　　　　　　　　**명** 쓰레기

고미

燃えないごみは分けて捨ててください。

타지 않는 쓰레기는 분리해서 버려 주세요.

☑ こむ 込む 　　　　　　　**동** 붐비다

코무

この店は夜中でも人たちで込みます。

이 상점은 밤중에도 사람들로 붐빕니다.

☑ これから　(접) 지금부터, 앞으로

코레까라

私は<u>これから</u>大学院に進むつもりです。

나는 앞으로 대학원에 진학할 생각입니다.

☑ こわい　怖い　(い형) 무섭다

코오와이

怒ったときの父の表情は<u>怖い</u>です。

화났을 때의 아버지의 표정은 무섭습니다.

☑ こわす　壊す　(동) 부수다, 깨뜨리다

코와스

人の物を<u>壊したら</u>、弁償してください。

남의 물건을 깨뜨렸으면 변상해 주세요.

☑ こわれる　壊れる　(동) 부수어지다, 깨지다

코와레루

公園のベンチが<u>壊れて</u>誰も座れません。

공원의 벤치가 부수어져서 아무도 앉을 수 없습니다.

☑ こんど　今度　(명) 이번, 이다음

콘도

<u>今度</u>会うときは、もっと早い時間にします。

이 다음에 만날 때는 더 이른 시간으로 하겠습니다.

☑ こんや　今夜　(명) 오늘 밤

콩야

<u>今夜</u>から新しいドラマが始まります。

오늘 밤부터 새로운 드라마가 시작됩니다.

こ

159

さ

☑ **さいきん** 最近   閔 최근

사이낑

<u>最近</u>物価が上がって、生活がきついです。

최근 물가가 올라서 생활이 빠듯합니다.

☑ **さいご** 最後   閔 최후, 마지막

사이고

<u>最後</u>は私が発表するようにしてください。

마지막은 제가 발표하도록 해 주세요.

☑ **さいしょ** 最初   閔 최초, 맨 처음

사이쇼

<u>最初</u>からだますつもりではありませんでした。

처음부터 속일 생각은 아니었습니다.

☑ **さか** 坂   閔 언덕

사까

<u>坂</u>を走って上ったら、息が苦しいです。

언덕을 달려 올라갔더니 숨이 찹니다.

☑ **さがす** 探す   图 찾다

사가스

どんな色のボールペンを<u>探して</u>いますか。

어떤 색의 볼펜을 찾고 있습니까?

☑ **さがる** 下がる　　　(동) 내려가다

사가루

今週からラーメンの値段が下がりました。

이번 주부터 라면 가격이 내려갔습니다.

☑ **さかんだ** 盛んだ　　　(な형) 번성하다

사깐다

この街はほかの所より盛んでいます。

이 거리는 다른 곳보다 번성해 있습니다.

☑ **さげる** 下げる　　　(동) 내리다

사게루

手を挙げている人は下げてください。

손을 올리고 있는 사람은 내려 주세요.

☑ **さっき**　　　(명) 아까, 조금 전

삭끼

さっきから部屋で何を探していますか。

아까부터 방에서 무엇을 찾고 있습니까?

☑ **さびしい** 寂しい　　　(い형) 외롭다

사비시-

一人でごはんを食べるのは寂しいです。

혼자서 밥을 먹는 것은 외롭습니다.

☑ **さわぐ** 騒ぐ　　　(동) 떠들다, 소란 피우다

사와구

子供たちが庭でわいわい騒ぎます。

아이들이 마당에서 소란스럽게 떠듭니다.

さ

☑ **さわる** 触る　　　　　⟨동⟩ 만지다, 손대다

사와루

<ruby>机<rt>つくえ</rt></ruby>の<ruby>上<rt>うえ</rt></ruby>にある<ruby>物<rt>もの</rt></ruby>に<ruby>触<rt>さわ</rt></ruby>らないでください。

책상 위에 있는 물건에 손대지 말아 주세요.

☑ **さんぎょう** 産業　　　　⟨명⟩ 산업

상교-

これからはどんな<ruby>産業<rt>さんぎょう</rt></ruby>が<ruby>注目<rt>ちゅうもく</rt></ruby>されますか。

앞으로는 어떤 산업이 주목받습니까?

☑ **ざんねんだ** 残念だ　　⟨な형⟩ 아쉽다, 안타깝다

잔넨다

<ruby>大学<rt>だいがく</rt></ruby>に<ruby>落<rt>お</rt></ruby>ちて、<ruby>本当<rt>ほんとう</rt></ruby>に<ruby>残念<rt>ざんねん</rt></ruby>です。

대학에 떨어져서 정말 안타깝습니다.

☑ **じ** 字　　　　　　　⟨명⟩ 글자, 글씨

지

<ruby>字<rt>じ</rt></ruby>を<ruby>書<rt>か</rt></ruby>くときはきれいに<ruby>書<rt>か</rt></ruby>いてください。

글씨를 쓸 때는 예쁘게 써 주세요.

☑ **しあい** 試合　　　　　⟨명⟩ 시합

시아이

<ruby>次<rt>つぎ</rt></ruby>の<ruby>試合<rt>しあい</rt></ruby>では<ruby>必<rt>かなら</rt></ruby>ず<ruby>勝<rt>か</rt></ruby>ちたいです。

다음 시합에서는 반드시 이기고 싶습니다.

☑ **しかた** 仕方　　　　　　（명）수단, 방법

시까따

どういう<u>仕方</u>で解決しようとしますか。

어떠한 방법으로 해결하려고 합니까?

☑ **しかる** 叱る　　　　　　（동）꾸짖다

시까루

部屋をめちゃくちゃに散らかして<u>叱りました</u>。

방을 엉망진창으로 어지럽혀서 꾸짖었습니다.

☑ **しけん** 試験　　　　　　（명）시험

시껭

今晩から<u>試験</u>の勉強をするつもりです。

오늘 밤부터 시험 공부를 할 작정입니다.

☑ **じこ** 事故　　　　　　（명）사고

지꼬

この<u>事故</u>で十人くらい入院しました。

이 사고로 10명 정도 입원했습니다.

☑ **じしん** 地震　　　　　　（명）지진

지싱

日本では<u>地震</u>が起こるときが多いです。

일본에서는 지진이 일어날 때가 많습니다.

☑ **じだい** 時代　　　　　　（명）시대

지다이

<u>時代</u>が変わると、文化も変わります。

시대가 바뀌면 문화도 바뀝니다.

し

☑ したぎ 下着　　　　　　　名 속옷

시따기

<ruby>母<rt>はは</rt></ruby>が<ruby>新<rt>あたら</rt></ruby>しい<ruby>下着<rt>したぎ</rt></ruby>を<ruby>買<rt>か</rt></ruby>ってきました。

어머니가 새 속옷을 사 왔습니다.

☑ したく 支度　　　　　　　名 준비, 채비

시따꾸

<ruby>食事<rt>しょくじ</rt></ruby>の<ruby>支度<rt>したく</rt></ruby>は<ruby>何時<rt>なんじ</rt></ruby>から<ruby>始<rt>はじ</rt></ruby>めますか。

식사 준비는 몇 시부터 시작합니까?

☑ しっかり　　　　　　　　副 단단히, 확실히, 꽉

식까리

<ruby>危<rt>あぶ</rt></ruby>ないから、<ruby>棒<rt>ぼう</rt></ruby>をしっかり<ruby>握<rt>にぎ</rt></ruby>ってください。

위험하니까 봉을 꽉 잡아 주세요.

☑ しっぱいする 失敗する　　動 실패하다

십빠이스루

<ruby>今度<rt>こんど</rt></ruby>も<ruby>失敗<rt>しっぱい</rt></ruby>して、すごく<ruby>落<rt>お</rt></ruby>ち<ruby>込<rt>こ</rt></ruby>んでいます。

이번에도 실패해서 매우 우울해 하고 있습니다.

☑ しつれい 失礼　　　　　　名 실례

시쯔레-

<ruby>失礼<rt>しつれい</rt></ruby>をして、<ruby>大変<rt>たいへん</rt></ruby><ruby>申<rt>もう</rt></ruby>し<ruby>訳<rt>わけ</rt></ruby>ありません。

실례를 해서 대단히 죄송합니다.

☑ じてん 辞典　　　　　　　名 사전

지뗀

<ruby>辞典<rt>じてん</rt></ruby>を<ruby>探<rt>さが</rt></ruby>してみれば、<ruby>意味<rt>いみ</rt></ruby>が<ruby>分<rt>わ</rt></ruby>かります。

사전을 찾아 보면 뜻을 알 수 있습니다.

☑ **しなもの** 品物 (명) 물품, 물건

시나모노

品物の品質が非常にいいです。

물건의 품질이 굉장히 좋습니다.

☑ **しばらく** (부) 잠깐, 잠시

시바라꾸

会議が終わるまでしばらく待ってください。

회의가 끝날 때까지 잠시 기다려 주세요.

☑ **しま** 島 (명) 섬

시마

沖縄は一番南にある島です。

오키나와는 가장 남쪽에 있는 섬입니다.

☑ **しみん** 市民 (명) 시민

시밍

市民たちが政府に不満を持っています。

시민들이 정부에 불만을 가지고 있습니다.

☑ **じむしょ** 事務所 (명) 사무실

지무쇼

事務所には何時ごろ戻ってきますか。

사무실에는 몇 시쯤 돌아옵니까?

☑ **しゃかい** 社会 (명) 사회

샤까이

社会で認めてくれる存在になりたいです。

사회에서 인정해 주는 존재가 되고 싶습니다.

し

■ **しゃちょう** 社長　　(명) 사장

샤쬬-

あなたなら社長になれると思います。

당신이라면 사장이 될 수 있다고 생각합니다.

■ **じゃま** 邪魔　　(명) 방해, 폐

쟈마

忙しいときに邪魔をしてすみません。

바쁠 때 방해를 해서 죄송합니다.

■ **じゆう** 自由　　(명) 자유

지유-

現在よりもっと自由に生きたいです。

현재보다 더 자유롭게 살고 싶습니다.

■ **しゅうかん** 習慣　　(명) 습관

슈-깡

習慣というのは治しにくいことです。

습관이라는 것은 고치기 어렵습니다.

■ **じゅうしょ** 住所　　(명) 주소

쥬-쇼

名前の下には住所を書いてください。

이름 아래에는 주소를 써 주세요.

■ **じゅうぶんだ** 十分だ　　(な형) 충분하다

쥬-분다

これくらいの塩があれば十分です。

이 정도의 소금이 있으면 충분합니다.

☑ **しゅっせき** 出席　　**명** 출석

슛쎄끼

<ruby>彼<rt>かれ</rt></ruby>は<ruby>月曜日<rt>げつようび</rt></ruby>から<ruby>出席<rt>しゅっせき</rt></ruby>しませんでした。

그는 월요일부터 출석하지 않았습니다.

☑ **しゅっぱつ** 出発　　**명** 출발

슛빠쯔

<ruby>次<rt>つぎ</rt></ruby>の<ruby>列車<rt>れっしゃ</rt></ruby>は<ruby>何時<rt>なんじ</rt></ruby>の<ruby>出発<rt>しゅっぱつ</rt></ruby>ですか。

다음 열차는 몇 시 출발입니까?

☑ **しゅみ** 趣味　　**명** 취미

슈미

<ruby>私<rt>わたし</rt></ruby>は<ruby>特<rt>とく</rt></ruby>に<ruby>趣味<rt>しゅみ</rt></ruby>というものがありません。

나는 특별히 취미라는 것이 없습니다.

☑ **じゅんび** 準備　　**명** 준비

쥼비

<ruby>資料<rt>しりょう</rt></ruby>の<ruby>準備<rt>じゅんび</rt></ruby>はどこまでできていますか。

자료 준비는 어디까지 되어 있습니까?

☑ **しょうかいする** 紹介する　　**동** 소개하다

쇼-까이스루

<ruby>付<rt>つ</rt></ruby>き<ruby>合<rt>あ</rt></ruby>っている<ruby>人<rt>ひと</rt></ruby>を<ruby>親<rt>おや</rt></ruby>に<ruby>紹介<rt>しょうかい</rt></ruby>しました。

사귀고 있는 사람을 부모에게 소개했습니다.

☑ **しょうがつ** 正月　　**명** 정월, 설

쇼-가쯔

<ruby>正月<rt>しょうがつ</rt></ruby>には<ruby>家族<rt>かぞく</rt></ruby>みんな<ruby>神社<rt>じんじゃ</rt></ruby>に<ruby>行<rt>い</rt></ruby>きます。

설에는 가족 모두 신사에 갑니다.

し

☑ **しょうがっこう** 小学校 　명 초등학교

쇼-각꼬-

もう<u>小学校</u>に入る年になりました。

벌써 초등학교에 들어갈 나이가 되었습니다.

☑ **しょうせつ** 小説 　명 소설

쇼-세쯔

<u>一番</u>売れている<u>小説</u>はどれですか。

가장 잘 팔리는 소설은 어느 것입니까?

☑ **しょうたい** 招待 　명 초대

쇼-따이

<u>部長</u>のお<u>宅</u>に<u>招待</u>をもらいましたか。

부장님 댁에 초대를 받았습니까?

☑ **しょうらい** 将来 　명 장래

쇼-라이

<u>将来</u>何になりたいのか、発表しましょう。

장래에 무엇이 되고 싶은지 발표합시다.

☑ **しょくじ** 食事 　명 식사

쇼꾸지

とりあえず、<u>食事</u>を済ませてから<u>話</u>します。

우선, 식사를 끝내고 나서 이야기하겠습니다.

☑ **しょくどう** 食堂 　명 식당

쇼꾸도-

<u>安</u>くておいしい<u>食堂</u>を知っています。

값싸고 맛있는 식당을 알고 있습니다.

☑ **しょくりょうひん** 食料品 명 식료품

쇼꾸료-힝

食料品の売場はだいたい一階にあります。

식료품 매장은 대개 1층에 있습니다.

☑ **じょせい** 女性 명 여성

죠세-

女性だとして差別するのは不当です。

여성이라고 해서 차별하는 것은 부당합니다.

☑ **しらせる** 知らせる 동 알리다, 통지하다

시라세루

試験の結果は来週知らせます。

시험 결과는 다음 주에 통지하겠습니다.

☑ **しらべる** 調べる 동 조사하다

시라베루

おかしいことがあって、今調べてみます。

이상한 곳이 있어서 지금 조사해 보겠습니다.

☑ **じんこう** 人口 명 인구

징꼬-

出産率が低くて、人口も減っています。

출산율이 낮아서 인구도 줄고 있습니다.

☑ **しんせつだ** 親切だ な형 친절하다

신세쯔다

彼女は優しくて親切な人です。

그녀는 상냥하고 친절한 사람입니다.

し

169

☑ **しんぱいする** 心配する ⑧ 걱정하다

심빠이스루

親はいつも子供のことを心配します。

부모는 언제나 자식의 일을 걱정합니다.

す

☑ **すいえい** 水泳 ⑲ 수영

스이에ー

小さいときから水泳を習ってきました。

어렸을 때부터 수영을 배워 왔습니다.

☑ **すいどう** 水道 ⑲ 수도

스이도ー

水道の水は人が飲んでもいいです。

수돗물은 사람이 마셔도 괜찮습니다.

☑ **ずいぶん** ⑲ 꽤, 상당히

즈이붕

彼はずいぶん実力がよくなりました。

그는 상당히 실력이 좋아졌습니다.

☑ **すうがく** 数学 ⑲ 수학

스ー가꾸

科目の中で数学だけ成績がいいです。

과목 중에서 수학만 성적이 좋습니다.

☑ **すぎる** 過ぎる   (동) 지나가다, 지나치다

스기루

午後五時が過ぎたら、ドアが閉ります。

오후 5시가 지나면 문이 닫힙니다.

☑ **すく** 空く   (동) 비다

스꾸

朝早く乗ると、電車が空いています。

아침 일찍 타면 전철이 비어 있습니다.

☑ **すごい**   (い형) 굉장하다, 대단하다

스고이

彼女の絵はびっくりするほどすごいです。

그녀의 그림은 깜짝 놀랄 만큼 대단합니다.

☑ **すすむ** 進む   (동) 나아가다, 진행하다

스스무

彼はいつも先頭に立って進みます。

그는 항상 선두에 서서 나아갑니다.

☑ **すっかり**   (부) 완전히, 매우

슥까리

昔のことはすっかり忘れてしまいました。

옛날 일은 완전히 잊어버렸습니다.

☑ **ずっと**   (부) 쭉, 내내, 계속

즛또

さっきからずっと漫画を読んでいます。

아까부터 계속 만화책을 읽고 있습니다.

す

171

☑ **すてる** 捨てる   (동) 버리다

스떼루

要_いらない物_{もの}はさっさと捨_すてなさい。

필요없는 물건은 당장 버리세요.

☑ **すな** 砂   (명) 모래

스나

道_{みち}が凍_{こお}ってしまって、砂_{すな}をまきました。

길이 얼어 버려서 모래를 뿌렸습니다.

☑ **すばらしい** 素晴らしい   (い형) 훌륭하다, 멋지다, 굉장하다

스바라시-

誰_{だれ}が聞_きいても素晴_{すば}らしい演奏_{えんそう}でした。

누가 들어도 훌륭한 연주였습니다.

☑ **すべる** 滑る   (동) 미끄러지다

스베루

バナナの皮_{かわ}を踏_ふんで、そのまま滑_{すべ}りました。

바나나 껍질을 밟아서 그대로 미끄러졌습니다.

☑ **すみ** 隅   (명) 구석, 모퉁이

스미

教室_{きょうしつ}の隅_{すみ}で誰_{だれ}かが泣_ないています。

교실 구석에서 누군가가 울고 있습니다.

☑ **すむ** 済む   (동) 끝나다

스무

もう済_すんだことだから、忘_{わす}れましょう。

이미 끝난 일이니까, 잊어버립시다.

☑ **すると**　　　(접) 그러자, 그랬더니

스루또

ベルを押しました。すると、人が出てきました。

벨을 눌렀습니다. 그러자, 사람이 나왔습니다.

☑ **せいかつ** 生活　　　(명) 생활

세ー까쯔

いつまで貧乏な生活をするつもりですか。

언제까지 가난한 생활을 할 생각입니까?

☑ **せいさんする** 生産する　　(동) 생산하다

세ー산스루

工場で新製品を生産しています。

공장에서 신제품을 생산하고 있습니다.

☑ **せいじ** 政治　　　(명) 정치

세ー지

政治についてはまったく関心がありません。

정치에 대해서는 전혀 관심이 없습니다.

☑ **せかい** 世界　　　(명) 세계

세까이

世界の平和のために何がしたいですか。

세계 평화를 위해 무엇을 하고 싶습니까?

せ

173

☑ **せき** 席　　　　　　　　　　명 자리

세끼

隣の席はまだ誰も座っていません。

옆 자리는 아직 아무도 안 앉았습니다.

☑ **せつめい** 説明　　　　　　　　명 설명

세쯔메-

いくら説明を聞いても、よく分かりません。

아무리 설명을 들어도 잘 모르겠습니다.

☑ **せなか** 背中　　　　　　　　　명 등

세나까

背中に大きいかばんを背負っています。

등에 큰 가방을 짊어지고 있습니다.

☑ **ぜひ**　　　　　　　　　　　　부 꼭, 부디

제히

ぜひもう一度会って話してみたいです。

꼭 다시 한번 만나서 이야기해 보고 싶습니다.

☑ **せわする** 世話する　　　　　동 보살피다, 도와주다

세와스루

看護婦が患者たちを世話しています。

간호사가 환자들을 보살피고 있습니다.

☑ **ぜんぜん** 全然　　　　　　　　부 전혀

젠젱

時間に遅れたのに、全然急いでいません。

시간에 늦었는데도 전혀 서두르지 않고 있습니다.

☑ **せんそう** 戦争　　　（명）전쟁

센소-

この<u>戦争</u>を起こした国はどこですか。

이 전쟁을 일으킨 나라는 어디입니까?

☑ **せんぱい** 先輩　　　（명）선배

셈빠이

会社の<u>先輩</u>は本当に厳しいです。

회사의 선배는 정말 엄격합니다.

☑ **せんもん** 専門　　　（명）전문

셈몽

プラスチックを<u>専門</u>に扱う店です。

플라스틱을 전문으로 취급하는 상점입니다.

☑ **そうだんする** 相談する　　　（동）상담하다, 상의하다

소-단스루

この件については<u>相談</u>して決めます。

이 건에 대해서는 상의하여 결정하겠습니다.

☑ **そだてる** 育てる　　　（동）기르다, 양육하다

소다떼루

子供を<u>育てる</u>にはお金がかかります。

아이를 기르려면 돈이 듭니다.

そ

175

☑ **そつぎょうする** 卒業する　（動）졸업하다

소쯔교-스루

あなたは何年度に高校を卒業しましたか。

당신은 몇 년도에 고등학교를 졸업했습니까?

☑ **そふ** 祖父　（名）할아버지

소후

祖父の健康状態があまりよくありません。

할아버지의 건강상태는 별로 좋지 않습니다.

☑ **そぼ** 祖母　（名）할머니

소보

祖母は一人で田舎に住んでいます。

할머니는 홀로 시골에 살고 있습니다.

☑ **それで**　（接）그래서

소레데

風邪を引きました。それで、会社を休みました。

감기에 걸렸습니다. 그래서, 회사를 쉬었습니다.

☑ **それに**　（接）게다가

소레니

頭が痛いです。それに、熱もあります。

머리가 아픕니다. 게다가, 열도 있습니다.

☑ **それほど**　（副）그만큼, 그 정도로

소레호도

それほど帰りたいなら、今帰りなさい。

그 정도로 집에 가고 싶다면, 지금 돌아가세요.

☑ **そろそろ**　　　　　（부）슬슬, 이제 곧

소로소로

<u>そろそろ</u>出かける時間になりました。

슬슬 외출할 시간이 되었습니다.

☑ **そんなに**　　　　　（부）그렇게, 그토록

손나니

<u>そんなに</u>自信があるなら、参加しなさい。

그렇게 자신이 있다면 참가하세요.

☑ **たいいん** 退院　　　（명）퇴원

타이잉

何日くらい経てば、<u>退院</u>ができますか。

며칠 정도 지나면 퇴원을 할 수 있습니까?

☑ **だいがくせい** 大学生　　（명）대학생

다이각쎄－

受験に受かったら、<u>大学生</u>になれます。

대입시험에 합격하면 대학생이 될 수 있습니다.

☑ **だいじだ** 大事だ　　（な형）소중하다, 중요하다

다이지다

人生において何がいちばん<u>大事</u>ですか。

인생에 있어서 무엇이 가장 소중합니까?

177

☑ **だいたい** 大体   🟦(부) 대개, 대부분

다이따이

今日の宿題はだいたい終わりました。

오늘 숙제는 대부분 끝났습니다.

☑ **だいぶ** 大分   🟦(부) 상당히, 꽤

다이부

三月なのに、だいぶ風が冷たいです。

3월인데도 꽤 바람이 차갑습니다.

☑ **たいふう** 台風   🟦(명) 태풍

타이후-

東南アジアの方から台風が近付きます。

동남아시아 쪽에서 태풍이 접근합니다.

☑ **たおれる** 倒れる   🟦(동) 쓰러지다, 넘어지다

타오레루

めまいがして、床に倒れてしまいました。

현기증이 나서 마루에 쓰러지고 말았습니다.

☑ **だから**   🟦(접) 그러니까, 때문에

다까라

彼は怠け者です。だから、失敗しました。

그는 게으름뱅이입니다. 그래서, 실패했습니다.

☑ **たしかだ** 確かだ   🟦(な형) 확실하다, 정확하다

타시까다

確かな証拠があれば、見せてください。

확실한 증거가 있으면 보여 주세요.

☑ **たす** 足す　　　　　　　⑧ 더하다, 보태다

타스

た　　　　ぶん　わたし　ぜんぶ　た
足りない分は私が全部足します。

부족한 분은 제가 전부 보태겠습니다.

☑ **たずねる** 訪ねる　　　　⑧ 방문하다, 찾아가다

타즈네루

がっこう　やす　　がくせい　いえ　たず
学校を休んだ学生の家を訪ねました。

학교를 결석한 학생의 집을 찾아갔습니다.

☑ **たずねる** 尋ねる　　　　⑧ 묻다, 찾다

타즈네루

むずか　　　　わ　　　　　　　　　　せんせい　たず
難しくて分からないことは先生に尋ねます。

어려워서 모르는 것은 선생님한테 묻습니다.

☑ **ただしい** 正しい　　　　ⓘ형 맞다, 올바르다

타다시ー

かれ　こうどう　ほうりつてき　ただ
彼の行動は法律的に正しいことです。

그의 행동은 법률적으로 맞는 것입니다.

☑ **たてる** 立てる　　　　　⑧ 세우다

타떼루

みせ　まえ　あたら　　　かんばん　た
店の前に新しい看板を立てました。

가게 앞에 새 간판을 세웠습니다.

☑ **たてる** 建てる　　　　　⑧ (건물을) 짓다

타떼루

　　　　　　となり　　　　　　　た
スーパーの隣にビルを建てています。

슈퍼 옆에 빌딩을 짓고 있습니다.

た

179

☑ **たとえば** 例えば   (부) 예를 들면

타또에바

例えば、英語や日本語などの外国語です。

예를 들면, 영어나 일본어 등의 외국어입니다.

☑ **たな** 棚   (명) 선반

타나

棚の上にあるから、手が届きません。

선반 위에 있어서 손이 닿지 않습니다.

☑ **たのしみ** 楽しみ   (명) 즐거움, 기대

타노시미

私の楽しみは子供が元気に育つことです。

나의 즐거움은 아이가 건강하게 자라는 것입니다.

☑ **たのしむ** 楽しむ   (동) 즐기다, 즐거워하다

타노시무

旅行をしながら、人生を楽しんでいます。

여행을 하면서 인생을 즐기고 있습니다.

☑ **たまに**   (부) 가끔, 드물게

타마니

たまに映画を見に行くこともありますか。

가끔 영화를 보러 가는 적도 있습니까?

☑ **だめだ** 駄目だ   (な형) 안 된다, 불가능하다

다메다

今の状況では努力しても駄目です。

지금 상황에서는 노력해도 안 됩니다.

☑ **たりる** 足りる　　　⑤ 충분하다

타리루

<ruby>交通費<rt>こうつうひ</rt></ruby>は<ruby>二千円<rt>にせんえん</rt></ruby>ほどあれば<ruby>足<rt>た</rt></ruby>ります。

교통비는 2,000엔 정도 있으면 충분합니다.

☑ **だんせい** 男性　　　⑲ 남성

단세-

あの<ruby>男性<rt>だんせい</rt></ruby>が<ruby>事件<rt>じけん</rt></ruby>の<ruby>被害者<rt>ひがいしゃ</rt></ruby>だそうです。

저 남성이 사건의 피해자라고 합니다.

☑ **だんぼう** 暖房　　　⑲ 난방

담보-

<ruby>部屋<rt>へや</rt></ruby>が<ruby>寒<rt>さむ</rt></ruby>くて<ruby>暖房<rt>だんぼう</rt></ruby>を<ruby>入<rt>い</rt></ruby>れました。

방이 추워서 난방을 넣었습니다.

☑ **ち** 血　　　⑲ 피

치

<ruby>怪我<rt>けが</rt></ruby>をした<ruby>足<rt>あし</rt></ruby>から<ruby>血<rt>ち</rt></ruby>が<ruby>流<rt>なが</rt></ruby>れます。

상처를 입은 다리에서 피가 흐릅니다.

☑ **ちから** 力　　　⑲ 힘

치까라

<ruby>力<rt>ちから</rt></ruby>を<ruby>出<rt>だ</rt></ruby>して、<ruby>強<rt>つよ</rt></ruby>く<ruby>引<rt>ひ</rt></ruby>っ<ruby>張<rt>ば</rt></ruby>ってください。

힘을 내서 세게 끌어당겨 주세요.

ち

☑ **ちっとも**　　　　　　　　　(부) 조금도

칫또모

このドラマは<u>ちっとも</u>面白_{おもしろ}くありません。

이 드라마는 조금도 재미있지 않습니다.

☑ **ちゅうい** 注意　　　　　(명) 주의

츄-이

<u>注意_{ちゅうい}</u>をしなければ、怪我_{けが}をします。

주의를 하지 않으면 상처를 입습니다.

☑ **ちゅうがっこう** 中学校　(명) 중학교

츄-각꼬-

<u>中学校_{ちゅうがっこう}</u>に上_あがったら、もっと勉強_{べんきょう}します。

중학교에 올라가면 더 열심히 공부하겠습니다.

☑ **ちゅうし** 中止　　　　　(명) 중지

츄-시

野球_{やきゅう}の試合_{しあい}が雨_{あめ}で<u>中止_{ちゅうし}</u>になりました。

야구 시합이 비로 인해 중지가 되었습니다.

☑ **ちゅうしゃ** 注射　　　　(명) 주사

츄-샤

薬_{くすり}を飲_のんでから、<u>注射_{ちゅうしゃ}</u>も打_うたれました。

약을 먹고 나서 주사도 맞았습니다.

☑ **ちゅうしゃじょう** 駐車場　(명) 주차장

츄-샤죠-

<u>駐車場_{ちゅうしゃじょう}</u>はこの建物_{たてもの}の地下_{ちか}にあります。

주차장은 이 건물의 지하에 있습니다.

つ

☑ つき 月　　　　　（명） 달

츠끼

月の形がとうとう半月になりました。

달의 모양이 드디어 반달이 되었습니다.

☑ つける　　　　　（동） 켜다, 붙이다

츠께루

部屋に入ったら、電気からつけます。

방에 들어가면 전기부터 켭니다.

☑ つける 漬ける　　　（동） 담그다

츠께루

一度もキムチを漬けたことがありません。

한 번도 김치를 담근 적이 없습니다.

☑ つごう 都合　　　　（명） 사정, 형편

츠고-

何か都合があって早退したと思います。

뭔가 사정이 있어서 조퇴했다고 생각합니다.

☑ つたえる 伝える　　　（동） 전하다, 전달하다

츠따에루

私が残したメモを伝えてくれましたか。

제가 남긴 메모를 전해 주었습니까?

183

☑ つづく　続く　　　　　⑧ 계속되다, 이어지다

츠즈꾸

毎日曇った日が続くのは嫌いです。

매일 흐린 날이 계속되는 것은 싫습니다.

☑ つづける　続ける　　　　⑧ 계속하다, 잇다

츠즈께루

仕事はいつまで続けるつもりですか。

일은 언제까지 계속할 작정입니까?

☑ つつむ　包む　　　　　⑧ 싸다, 두르다

츠쯔무

大きい紙に包んで、紐で結びました。

큰 종이에 싸서 끈으로 묶었습니다.

☑ つま　妻　　　　　　⑲ 처, 아내

츠마

私の妻はフランス料理が上手です。

내 아내는 프랑스 요리를 잘 만듭니다.

☑ つもり　　　　　　⑲ 생각, 작정

츠모리

そう言うつもりではありませんでした。

그렇게 말할 작정은 아니었습니다.

☑ つる　釣る　　　　　⑧ 낚다, 낚시하다

츠루

大きな魚を釣ったことがありますか。

큰 물고기를 낚은 적이 있습니까?

184

☑ **つれる** 連れる   🅢 데리고 가다, 데리고 오다

츠레루

散歩するときは犬も連れていきます。

산책할 때는 개도 데리고 갑니다.

☑ **ていねいだ** 丁寧だ   🅝🅗 예의바르다, 정중하다

테-네-다

あいさつは丁寧にするものだと教えました。

인사는 정중하게 하는 것이라고 가르쳤습니다.

☑ **てきとうだ** 適当だ   🅝🅗 적당하다

테끼도-다

適当な線で話を止めてください。

적당한 선에서 이야기를 멈춰 주세요.

☑ **できる**   🅢 할 수 있다, 가능하다

데끼루

何でもできる人はどこにもいないと思います。

무엇이든 할 수 있는 사람은 어디에도 없다고 생각합니다.

☑ **できるだけ**   🅟 가능한 한, 될 수 있는 한

데끼루다께

できるだけ速く書類を整理してください。

될 수 있는 한 빨리 서류를 정리해 주세요.

☑ **てつだう** 手伝う　　動 돕다, 거들다

테쯔다우

困っている人を手伝うのはいいことです。

곤란에 처한 사람을 돕는 것은 좋은 일입니다.

☑ **てぶくろ** 手袋　　名 장갑

테부꾸로

ここにある手袋は誰のものですか。

여기에 있는 장갑은 누구 것입니까?

☑ **てんいん** 店員　　名 점원

텡잉

店の店員を呼んで注文をしました。

가게의 점원을 불러서 주문을 했습니다.

☑ **てんきよほう** 天気予報　　名 일기예보

텡끼요호-

最近の天気予報はよく間違えています。

요즘 일기예보는 자주 틀리고 있습니다.

☑ **でんぽう** 電報　　名 전보

뎀뽀-

ある日、親戚から電報が届きました。

어느 날, 친척에게서 전보가 도착했습니다.

と

☑ **どうぐ** 道具 　　　　명 도구

도-구

道具を使って、壊れた物を直しました。

도구를 사용하여 부서진 물건을 고쳤습니다.

☑ **とうとう** 　　　　부 드디어, 마침내

토-또-

両親はとうとう姉の結婚を許しました。

부모님은 마침내 언니(누나)의 결혼을 허락했습니다.

☑ **どうぶつえん** 動物園 　명 동물원

도-부쯔엥

子供を連れて動物園に行きました。

아이를 데리고 동물원에 갔습니다.

☑ **とおく** 遠く 　　　　부 멀리, 먼 곳

토-꾸

遠くに離れている友だちに会いたいです。

멀리 헤어져 있는 친구를 만나고 싶습니다.

☑ **とおり** 通り 　　　　명 길, 거리, 도로

토-리

通りはいつも人たちで込み合っています。

거리는 늘 사람들로 붐비고 있습니다.

187

☑ **とおる** 通る   (동) 지나가다, 통과하다

토-루

この道_{みち}は自転車_{じてんしゃ}しか通_{とお}ることができません。

이 길은 자전거 밖에 지나갈 수가 없습니다.

☑ **とくに** 特に   (부) 특히

토꾸니

運動_{うんどう}の中_{なか}で特_{とく}に下手_{へた}なのはありません。

운동 중에서 특히 못하는 것은 없습니다.

☑ **とくべつだ** 特別だ   (な형) 특별하다

토꾸베쯔다

あなたは私_{わたし}にとって特別_{とくべつ}な存在_{そんざい}です。

당신은 나에게 있어서 특별한 존재입니다.

☑ **とちゅう** 途中   (명) 도중

토쮸-

学校_{がっこう}に行_いく途中_{とちゅう}で友_{とも}だちに会_あいました。

학교에 가는 도중에 친구를 만났습니다.

☑ **とどける** 届ける   (동) 보내다, 전하다

토도께루

遅_{おそ}くても今週_{こんしゅう}までは商品_{しょうひん}を届_{とど}けます。

늦어도 이번 주까지는 상품을 보내겠습니다.

☑ **とまる** 泊まる   (동) 묵다, 머무르다

토마루

今夜_{こんや}もホテルで泊_とまるつもりですか。

오늘 밤도 호텔에서 묵을 작정입니까?

☑ **とめる** 止める   ⑧ 멈추다, 멎게 하다

토메루

^{かれ} ^{らんぼう} ^{こうどう} ^と
彼の乱暴な行動を止めてください。

그의 난폭한 행동을 멈추게 해 주세요.

☑ **とりかえる** 取り替える   ⑧ 바꾸다, 교체하다

토리까에루

ほかのスカーフに取り替えてください。

다른 스카프로 바꿔 주세요.

☑ **どろぼう** 泥棒   ⑲ 도둑

도로보-

^{いえ} ^{どろぼう} ^{はい}
家に泥棒が入ったことがありますか。

집에 도둑이 든 적이 있습니까?

☑ **どんどん**   ⑭ 척척, 착착

돈동

^{もんだい} ^{すす} ^{ほうこう} ^い
問題はどんどん進む方向に行きます。

문제는 착착 진행되는 방향으로 갑니다.

な

な

☑ **なおす** 直す   ⑧ 고치다, 바로잡다

나오스

やっと壊れたところを見つけて直しました。

간신히 부서진 곳을 찾아내어 고쳤습니다.

☑ **なおる** 直る　　　　　(동) 고쳐지다

나오루

新しい電池を入れたら<u>直りました</u>。

새 건전지를 넣었더니 고쳐졌습니다.

☑ **なおる** 治る　　　　　(동) 낫다, 치유되다

나오루

この病気は手術をしても<u>治りません</u>。

이 병은 수술을 해도 낫지 않습니다.

☑ **なかなか**　　　　　(부) 상당히, 좀처럼

나까나까

彼女の顔は<u>なかなか</u>綺麗です。

그녀의 얼굴은 상당히 예쁩니다.

☑ **なく** 泣く　　　　　(동) (사람이) 울다

나꾸

子供が道に迷って<u>泣いて</u>います。

아이가 길을 잃어 울고 있습니다.

☑ **なくなる** 無くなる　　　(동) 없어지다

나꾸나루

かばんの中に<u>無くなった</u>物があります。

가방 안에 없어진 물건이 있습니다.

☑ **なくなる** 亡くなる　　　(동) 죽다, 돌아가시다

나꾸나루

おじいさんが病気で<u>亡くなりました</u>。

할아버지가 병으로 돌아가셨습니다.

☑ **なげる** 投げる   동 던지다

나게루

相手チームの選手がボールを投げます。

상대 팀의 선수가 공을 던집니다.

☑ **なる** 鳴る   동 울리다

나루

日曜日は教会にある鐘が鳴ります。

일요일에는 교회에 있는 종이 울립니다.

な

☑ **なるべく**   부 가능한 한

나루베꾸

なるべく気分を悪くさせないでください。

가능한 한 기분을 상하게 하지 마세요.

☑ **なるほど**   부 과연, 정말

나루호도

なるほど教科書に書いてある通りです。

과연 교과서에 적혀 있는 그대로입니다.

☑ **なれる** 慣れる   동 익숙해지다

나레루

怒りっぽい態度にはもう慣れています。

화를 잘 내는 태도에는 이미 익숙해져 있습니다.

に

☑ **におい** 匂い   명 냄새

니오이

どこからか腐ったような匂いがします。

어디에선가 썩은 것 같은 냄새가 납니다.

☑ **にがい** 苦い   い형 쓰다

니가이

この薬は苦くて、どうしても飲めません。

이 약은 써서 도저히 먹을 수 없습니다.

☑ **にげる** 逃げる   동 도망치다, 도망가다

니게루

犯人が出口を見つけて逃げました。

범인이 출구를 발견하여 도망쳤습니다.

☑ **にっき** 日記   명 일기

닉끼

毎日寝る前に日記をつけています。

매일 자기 전에 일기를 쓰고 있습니다.

☑ **にゅういんする** 入院する   동 입원하다

뉴-인스루

手術をして、五日間入院しています。

수술을 하여, 5일간 입원하고 있습니다.

☑ **にゅうがく** 入学　(명) 입학

뉴-가꾸

<ruby>子供<rt>こ ども</rt></ruby>が<ruby>入学<rt>にゅうがく</rt></ruby>をしたら、<ruby>忙<rt>いそが</rt></ruby>しくなります。

아이가 입학을 하면 바빠지게 됩니다.

☑ **にる** 似る　(동) 닮다

니루

<ruby>娘<rt>むすめ</rt></ruby>は<ruby>母<rt>はは</rt></ruby>の<ruby>顔<rt>かお</rt></ruby>と<ruby>本当<rt>ほんとう</rt></ruby>に<ruby>似<rt>に</rt></ruby>ています。

딸은 엄마의 얼굴과 정말 닮았습니다.

☑ **にんぎょう** 人形　(명) 인형

닝교-

うちには<ruby>人形<rt>にんぎょう</rt></ruby>がひとつもありません。

우리 집에는 인형이 1개도 없습니다.

に
ぬ

☑ **ぬすむ** 盗む　(동) 훔치다

누스무

<ruby>人<rt>ひと</rt></ruby>の<ruby>物<rt>もの</rt></ruby>を<ruby>盗<rt>ぬす</rt></ruby>む<ruby>行動<rt>こうどう</rt></ruby>は<ruby>犯罪<rt>はんざい</rt></ruby>です。

남의 물건을 훔치는 행동은 범죄입니다.

☑ **ぬる** 塗る　(동) 바르다, 칠하다

누루

<ruby>古<rt>ふる</rt></ruby>いベンチに<ruby>新<rt>あたら</rt></ruby>しくペンキを<ruby>塗<rt>ぬ</rt></ruby>りました。

낡은 벤치에 새로 페인트를 칠했습니다.

193

☑ **ぬれる** 濡れる 　　(동) (물에) 젖다

누레루

絶対濡れた手で触ってはいけません。

절대 젖은 손으로 만져서는 안 됩니다.

☑ **ねだん** 値段 　　(명) 가격

네당

いつも牛肉の値段は高い方です。

항상 소고기 가격은 비싼 편입니다.

☑ **ねつ** 熱 　　(명) 열

네쯔

夜中に熱が出て、薬を飲みました。

밤중에 열이 나서 약을 먹었습니다.

☑ **ねっしんだ** 熱心だ 　　(な형) 열심이다

넷씬다

熱心に練習した結果、優勝しました。

열심히 연습한 결과 우승했습니다.

☑ **ねぼう** 寝坊 　　(명) 늦잠, 잠꾸러기

네보–

月曜日の朝はいつも寝坊をします。

월요일 아침에는 언제나 늦잠을 잡니다.

☑ **ねむい** 眠い　　　(い형) 졸리다

네무이

眠くて、ごはんも食べないで寝ました。

졸려서 밥도 먹지 않고 잠들었습니다.

☑ **ねむる** 眠る　　　(동) 자다, 잠들다

네무루

昨日は八時間もぐっすり眠りました。

어제는 8시간이나 푹 잤습니다.

の

ね
の

☑ **のこる** 残る　　　(동) 남다

노꼬루

昨日買ってきたケーキが残っています。

어제 사 온 케이크가 남아 있습니다.

☑ **のど** 喉　　　(명) 목

노도

のどが痛くて、水も飲めないほどです。

목이 아파서 물도 마실 수 없을 정도입니다.

☑ **のりかえる** 乗り換える　　　(동) 바꿔 타다, 환승하다

노리까에루

次の駅で乗り換えるのが速いです。

다음 역에서 바꿔 타는 것이 빠릅니다.

195

☑ **のりもの** 乗り物　　(명) 탈 것, 놀이기구

のりもの

バスの他にどんな乗り物がありますか。

버스 외에 어떤 탈 것이 있습니까?

は

☑ **は** 葉　　(명) 잎, 나뭇잎

は

秋になって風が吹くと、葉が落ちます。

가을이 되어 바람이 불면 잎이 떨어집니다.

☑ **ばあい** 場合　　(명) 경우

ばあい

不合格の場合は結果を通知しません。

불합격한 경우는 결과를 통지하지 않습니다.

☑ **〜ばい** 倍　　(수) 〜배

ばい

値段が先週より三倍になりました。

가격이 지난주보다 3배가 되었습니다.

☑ **はいしゃ** 歯医者　　(명) 치과, 치과 의사

はいしゃ

彼は歯医者になるために勉強しています。

그는 치과의사가 되기 위해 공부하고 있습니다.

☑ **〜ばかり**　　　　　〔부조〕 ~만, ~뿐

바까리

ごはんも食べないで、テレビ**ばかり**見ます。

밥도 먹지 않고, 텔레비전만 봅니다.

☑ **はこぶ** 運ぶ　　　　　〔동〕 나르다, 운반하다

하꼬부

荷物が重くて、二人で**運ん**でいます。

짐이 무거워서 2명이 나르고 있습니다.

☑ **はじめる** 始める　　　　〔동〕 시작하다

하지메루

今日から本格的に練習を**始め**ます。

오늘부터 본격적으로 연습을 시작합니다.

☑ **ばしょ** 場所　　　　　〔명〕 장소

바쇼

海が見える**場所**はここしかありません。

바다가 보이는 장소는 여기밖에 없습니다.

☑ **はずかしい** 恥ずかしい　　〔い형〕 창피하다, 쑥스럽다

하즈까시ー

人前で泣くのは**恥ずかしい**と思います。

사람들 앞에서 우는 것은 부끄럽다고 생각합니다.

☑ **はつおん** 発音　　　　　〔명〕 발음

하쯔옹

発音が悪くて、単語の意味が伝わりません。

발음이 나빠서 단어의 뜻이 전달되지 않습니다.

は

☑ **はっきり** 🕊 확실히, 정확히

학끼리

やりたくなければ、**はっきり**断りなさい。

하고 싶지 않다면 확실히 거절하세요.

☑ **はらう** 払う 🕊 (돈을) 내다, 지불하다

하라우

入場料は全部**払って**おきました。

입장료는 전부 지불해 놓았습니다.

☑ **ばんぐみ** 番組 🕊 (방송) 프로그램

방구미

新しく始まった**番組**は人気がありません。

새로 시작된 프로그램은 인기가 없습니다.

☑ **はんたいする** 反対する 🕊 반대하다

한따이스루

どうして私の意見に**反対します**か。

어째서 내 의견에 반대합니까?

☑ **ひ** 日 🕊 해, 날

히

冬になると、**日**が短くなります。

겨울이 되면 해가 짧아집니다.

☑ **ひ** 火 (명) 불

히

しょうぼうしゃ き ひ け
消防車が来て、火を消しました。

소방차가 와서 불을 껐습니다.

☑ **ひえる** 冷える (동) 식다, 차가워지다

히에루

からだ ひ あたた ちゃ の
体が冷えて、温かいお茶を飲みます。

몸이 추워서 따뜻한 차를 마십니다.

☑ **ひかり** 光 (명) 빛

히까리

とお あか ひかり み
遠いところから明るい光が見えます。

먼 곳으로부터 밝은 빛이 보입니다.

☑ **ひかる** 光る (동) 빛나다, 반짝이다

히까루

よぞら ほし ひか
夜空に星がきらきら光っています。

밤하늘에 별이 반짝반짝 빛나고 있습니다.

☑ **ひげ** 髭 (명) 수염

히게

なが しろ
おじいさんのひげは長くて白いです。

할아버지의 수염은 길고 하얗습니다.

☑ **ひさしぶりだ** 久しぶりだ (な형) 오래간만이다

히사시부리다

ひさ とも あそ き
久しぶりに友だちが遊びに来ました。

오래간만에 친구가 놀러 왔습니다.

ひ

☑ ひじょうに 非常に   (부) 굉장히, 매우, 꽤

히죠-니

音楽について非常に興味を持っています。

음악에 대해 상당히 흥미를 갖고 있습니다.

☑ びっくりする   (동) 깜짝 놀라다

빅꾸리스루

事実を知って、とてもびっくりしました。

사실을 알고 무척 깜짝 놀랐습니다.

☑ ひっこす 引っ越す   (동) 이사하다, 이사가다

힉꼬스

来月になったら、東京に引っ越す予定です。

다음 달이 되면 도쿄로 이사할 예정입니다.

☑ ひつようだ 必要だ   (な형) 필요하다

히쯔요-다

手続きに必要な書類は何ですか。

수속에 필요한 서류는 무엇입니까?

☑ ひどい   (い형) 심하다

히도이

患者の状態がもっとひどくなりました。

환자의 상태가 더욱 심해졌습니다.

☑ ひらく 開く   (동) 열다, 펼치다

히라꾸

みなさん、三十五ページを開いてください。

여러분, 35페이지를 펼쳐 주세요.

☑ **ひるま** 昼間 　　　명 낮 (동안)

히루마

昼間は何もしないで、のんびりしています。

낮에는 아무것도 하지 않고 느긋하게 보냅니다.

☑ **ひるやすみ** 昼休み 　　　명 점심 시간, 휴식 시간

히루야스미

昼休みにはいつも雑誌を読みます。

점심시간에는 항상 잡지를 읽습니다.

☑ **ひろう** 拾う 　　　동 줍다

히로우

ごみを拾って、ごみ箱の中に入れます。

쓰레기를 주워, 쓰레기통 속에 넣습니다.

ふ

☑ **ふえる** 増える 　　　동 늘다, 늘어나다

후에루

先月に比べて、体重が増えました。

지난달에 비해 몸무게가 늘어났습니다.

☑ **ふかい** 深い 　　　い형 깊다

후까이

深いところで泳ぐのは危ないです。

깊은 곳에서 헤엄치는 것은 위험합니다.

201

☑ **ふくざつだ** 複雑だ　　【な형】 복잡하다

후꾸자쯔다
複雑な問題ができて、困っています。
복잡한 문제가 생겨서 난처해져 있습니다.

☑ **ふくしゅうする** 復習する　　【동】 복습하다

훅쓔ー스루
毎日復習する習慣をつけてください。
매일 복습하는 습관을 들여 주세요.

☑ **ぶどう** 葡萄　　　　　【명】 포도

부도ー
ワインというのは葡萄で作るお酒です。
와인이라는 것은 포도로 만드는 술입니다.

☑ **ふとる** 太る　　　　　【동】 살찌다

후또루
チョコレートを食べたら、太ります。
초콜릿을 먹으면 살이 찝니다.

☑ **ふとん** 布団　　　　　【명】 이불

후똥
晴れた日は外に布団を干します。
맑게 갠 날은 바깥에 이불을 말립니다.

☑ **ふね** 船・舟　　　　　【명】 배

후네
島には舟に乗っていくしかありません。
섬에는 배를 타고 갈 수 밖에 없습니다.

☑ **ふべんだ** 不便だ　　(な형) 불편하다

후벤다

不便な所があったら、話してください。

불편한 점이 있으면 얘기해 주세요.

☑ **ふむ** 踏む　　(동) (발로) 밟다

후무

隣に立っていた人の足を踏みました。

옆에 서 있던 사람의 발을 밟았습니다.

☑ **ぶんか** 文化　　(명) 문화

붕까

どの国も自国の文化を持っています。

어느 나라도 자국의 문화를 갖고 있습니다.

☑ **ぶんがく** 文学　　(명) 문학

붕가꾸

高校時代は文学にはまっていました。

고등학교 시절에는 문학에 빠져 있었습니다.

☑ **ぶんぽう** 文法　　(명) 문법

붐뽀ー

文法に合わない文章が多いです。

문법에 맞지 않는 문장이 많습니다.

ふ

203

☑ へんだ 変だ 〔な형〕 이상하다

헨다

<u>変な</u>人が私のあとを追ってきます。

이상한 사람이 내 뒤를 쫓아옵니다.

☑ へんじ 返事 〔명〕 대답, 답장

헨지

先週手紙を出したが、<u>返事</u>が来ません。

지난주에 편지를 보냈는데, 답장이 오지 않습니다.

☑ ぼうえき 貿易 〔명〕 무역

보-에끼

<u>貿易</u>に関する本をたくさん読んでいます。

무역에 관한 책을 많이 읽고 있습니다.

☑ ほうそうする 放送する 〔동〕 방송하다

호-소-스루

新しいドラマは今週から<u>放送</u>します。

새로운 드라마는 이번 주부터 방송합니다.

☑ **ほうりつ** 法律　　　　　명 법률

호-리쯔

<ruby>法律<rt>ほうりつ</rt></ruby>に<ruby>関<rt>かん</rt></ruby>してはよく<ruby>分<rt>わ</rt></ruby>かりません。

법률에 관해서는 잘 모릅니다.

☑ **ほし** 星　　　　　명 별

호시

<ruby>今夜<rt>こんや</rt></ruby>は<ruby>曇<rt>くも</rt></ruby>っていて、<ruby>星<rt>ほし</rt></ruby>が<ruby>見<rt>み</rt></ruby>えません。

오늘 밤은 날이 흐려 있어서 별이 보이지 않습니다.

☑ **～ほど**　　　　　부조 ～정도, ～만큼

호도

<ruby>先生<rt>せんせい</rt></ruby>も<ruby>驚<rt>おどろ</rt></ruby>くほど、<ruby>成績<rt>せいせき</rt></ruby>が<ruby>上<rt>あ</rt></ruby>がりました。

선생님도 놀랄 만큼 성적이 올랐습니다.

☑ **ほとんど**　　　　　부 거의, 대부분

호똔도

<ruby>日<rt>ひ</rt></ruby>にちが<ruby>残<rt>のこ</rt></ruby>ったが、ほとんどできています。

날짜가 남았지만, 거의 다 되어 있습니다.

☑ **ほめる** 褒める　　　　　동 칭찬하다

호메루

<ruby>人<rt>ひと</rt></ruby>を<ruby>褒<rt>ほ</rt></ruby>めてあげると、<ruby>気持<rt>きも</rt></ruby>ちいいです。

남을 칭찬해 주면 기분이 좋습니다.

☑ **ほんやくする** 翻訳する　　　　　동 번역하다

홍야꾸스루

この<ruby>小説<rt>しょうせつ</rt></ruby>を<ruby>日本語<rt>にほんご</rt></ruby>で<ruby>翻訳<rt>ほんやく</rt></ruby>してください。

이 소설을 일본어로 번역해 주세요.

へ
ほ

ま

☑ **まける** 負ける　　　　　(동) 지다, 패하다

마께루

今年も試合で負けてしまいました。

올해도 시합에서 지고 말았습니다.

☑ **まじめだ** 真面目だ　　　(な형) 성실하다, 착실하다, 진지하다

마지메다

彼の性格はとても真面目だそうです。

그의 성격은 매우 진지하다고 합니다.

☑ **まず**　　　　　　　　(부) 우선, 먼저

마즈

まず、手をきれいに洗ってください。

우선, 손을 깨끗하게 씻어 주세요.

☑ **または**　　　　　　　(접) 또는, 혹은

마따와

月曜日または火曜日に行く予定です。

월요일 또는 화요일에 갈 예정입니다.

☑ **まちがえる** 間違える　　(동) 잘못하다, 틀리다

마찌가에루

会議の書類を間違えて持ってきました。

회의에 필요한 서류를 잘못 가지고 왔습니다.

■ **まにあう** 間に合う   (동) 시간에 늦지 않게 대다

마니아우

今すぐ出発すれば、間に合うと思います。

지금 바로 출발하면 시간에 늦지 않을 것입니다.

■ **まわり** 周り   (명) 주위, 부근

마와리

店の周りに自転車が止まっています。

가게 주위에 자전거가 세워져 있습니다.

■ **まわる** 回る   (동) 돌다

마와루

犬が吠えながら、庭を回っています。

개가 짖으면서 마당을 돌고 있습니다.

■ **まんが** 漫画   (명) 만화

망가

何回も読んだ漫画をまた読みました。

몇 번이나 읽은 만화책을 또 읽었습니다.

■ **まんなか** 真ん中   (명) 한가운데

만나까

居間の真ん中に丸いテーブルがあります。

거실 한 가운데에 둥근 테이블이 있습니다.

ま

み

☑ **みえる** 見える   동 보이다

미에루

ここからは遠くて、屋上だけが見えます。

여기서는 멀어서 옥상만 보입니다.

☑ **みずうみ** 湖   명 호수

미즈우미

湖の向こう側に美しい別荘があります。

호수의 건너편에 아름다운 별장이 있습니다.

☑ **みつかる** 見つかる   동 발견되다

미쯔까루

仕事が見つかって、働くことになりました。

일을 찾게 되어, 일하게 되었습니다.

☑ **みつける** 見つける   동 발견하다, 찾아내다

미쯔께루

眼鏡をベッドの下で見つけました。

안경을 침대 아래에서 발견했습니다.

☑ **みなと** 港   명 항구

미나또

この港にはたくさんの船が停まります。

이 항구에는 많은 배가 정박합니다.

☑ **むかう** 向かう　　　（동）향하다

무까우

警察と刑事が現場に向かっています。

경찰과 형사가 현장으로 향하고 있습니다.

☑ **むかえ** 迎え　　　（명）맞이, 마중

무까에

空港まで迎えにいくから、待ってください。

공항까지 마중하러 가니까 기다려 주세요.

☑ **むかし** 昔　　　（명）옛날, 예전

무까시

兄とは昔からとても仲が悪かったです。

형(오빠)과는 예전부터 매우 사이가 나빴습니다.

☑ **むし** 虫　　　（명）벌레

무시

どんなに小さな虫でも、殺してはいけません。

아무리 작은 벌레라도 죽여서는 안 됩니다.

☑ **むすこ** 息子　　　（명）아들

무스꼬

息子は勉強より運動が好きなようです。

아들은 공부보다 운동이 좋은 모양입니다.

み

む

☑ **むすめ** 娘　　　　　　　　명 딸

무스메

娘は背が高くて、モデルになりました。

딸은 키가 커서 모델이 되었습니다.

☑ **むりだ** 無理だ　　　　　な형 무리다

무리다

やりたくないことは無理にやりません。

하고 싶지 않은 일은 무리하게 하지 않습니다.

☑ **～め** 目　　　　　　　　수 ～째

메

前から五番目の席に座ってください。

앞에서 5번째 자리에 앉아 주세요.

☑ **めずらしい** 珍しい　　　い형 드물다, 진귀하다

메즈라시-

私はデザインが珍しい車がほしいです。

나는 디자인이 희귀한 자동차를 갖고 싶습니다.

も

☑ **もうすぐ**　　　　　　（부） 이제 곧

모-스구

<u>もうすぐ</u>始まるから、入ってください。

이제 곧 시작되니까 들어와 주세요.

☑ **もし**　　　　　　（부） 만약, 혹시

모시

<u>もし</u>成績が上がったら、喜んだでしょう。

만약 성적이 올랐다면 기뻐했을 것입니다.

☑ **もちろん** 勿論　　　　　　（부） 물론

모찌롱

<u>もちろん</u>私は彼の話を信じています。

물론 나는 그의 이야기를 믿고 있습니다.

☑ **もどる** 戻る　　　　　　（동） 되돌아오다, 되돌아가다

모도루

たぶん今月中は<u>戻って</u>くると思います。

아마 이번 달 중에는 되돌아올 거라고 생각합니다.

☑ **もり** 森　　　　　　（명） 숲

모리

<u>森</u>の中は空気がよくて、体にいいです。

숲 속은 공기가 좋아서 건강에 좋습니다.

☑ やく 焼く

동 굽다, 태우다

야꾸

魚は焼いて食べるのがおいしいです。

생선은 구워서 먹는 것이 맛있습니다.

☑ やくそく 約束

명 약속

약쏘꾸

彼女とはまた会う約束をしましたか。

그녀와는 또 만날 약속을 했습니까?

☑ やける 焼ける

동 불에 타다, 불에 달구다

야께루

真っ赤に焼けた鉄板に入れてください。

새빨갛게 달군 철판에 넣어 주세요.

☑ やさしい 優しい

い형 상냥하다, 친절하다, 다정하다

야사시ー

どんな場合でも優しい態度を見せます。

어떤 경우에도 상냥한 태도를 보여줍니다.

☑ やせる 痩せる

동 마르다, 여위다

야세루

彼女はたくさん食べても痩せています。

그녀는 많이 먹어도 말라 있습니다.

☑ **やっと** （부） 겨우, 간신히

얏또

<u>やっと</u>頼まれた仕事を済ませました。

겨우 부탁 받은 일을 끝마쳤습니다.

☑ **やはり・やっぱり** （부） 역시

야하리 · 얍빠리

<u>やはり</u>みんなに好かれている人です。

역시 모두에게 사랑을 받고 있는 사람입니다.

☑ **やむ** 止む （동） 멎다, 그치다

야무

朝から降っていた雨が<u>止みました</u>。

아침부터 내리고 있었던 비가 그쳤습니다.

☑ **やめる** 辞める （동） 끊다, 그만두다

야메루

たばこを<u>辞める</u>気なら、早く辞めなさい。

담배를 끊을 생각이라면, 빨리 끊으세요.

☑ **やる** （동） (내가 남에게) 주다

야루

朝起きると、金魚に餌を<u>やります</u>。

아침에 일어나면, 금붕어에게 모이를 줍니다.

☑ **やわらかい** 柔らかい （い형） 부드럽다

야와라까이

<u>柔らかい</u>パンにバターを塗って食べます。

부드러운 빵에 버터를 발라서 먹습니다.

や

213

ゆ

☑ **ゆしゅつする** 輸出する   동 **수출하다**

유슈쯔스루

主にどういう商品を輸出していますか。

주로 어떠한 상품을 수출하고 있습니까?

☑ **ゆにゅう** 輸入   명 **수입**

유뉴-

石油の大部分は輸入に依存します。

석유의 대부분은 수입에 의존합니다.

☑ **ゆび** 指   명 **손가락**

유비

指に怪我をして、包帯を巻きました。

손가락에 상처가 나서 붕대를 감았습니다.

☑ **ゆびわ** 指輪   명 **반지**

유비와

指輪にはどんな宝石がついていますか。

반지에는 어떤 보석이 붙어 있습니까?

☑ **ゆめ** 夢   명 **꿈**

유메

私の夢はお金持ちになることです。

나의 꿈은 부자가 되는 것입니다.

☑ **ゆれる** 揺れる　　　(동) 흔들리다

유레루

風が強くて、旗が揺れています。

바람이 강해서 깃발이 흔들리고 있습니다.

よ

☑ **よういする** 用意する　(동) 준비하다, 마련하다

요-이스루

来週もクレヨンを用意してください。

다음 주에도 크레용을 준비해 주세요.

☑ **ようじ** 用事　　　(명) 볼일, 용건

요-지

今日は急な用事があって行けません。

오늘은 급한 볼일이 있어서 갈 수 없습니다.

☑ **よごれる** 汚れる　(동) 더러워지다, 지저분해지다

요고레루

シャツが汚れて、洗濯機で洗いました。

셔츠가 더러워져서 세탁기로 빨았습니다.

☑ **よしゅう** 予習　　　(명) 예습

요슈-

復習とともに予習をするのも大切です。

복습과 함께 예습을 하는 것도 중요합니다.

☑ **よてい** 予定　　　　　　　　　　명 예정

요떼-

卒業<small>そつぎょう</small>したあとは、就職<small>しゅうしょく</small>をする予定<small>よてい</small>です。

졸업한 후에는 취직을 할 예정입니다.

☑ **よやくする** 予約する　　　　　동 예약하다

요야꾸스루

午前十一時<small>ごぜんじゅういちじ</small>の便<small>びん</small>で予約<small>よやく</small>しておきました。

오전 11시 비행기로 예약해 놓았습니다.

☑ **よる** 寄る　　　　　　　　　　동 들르다, 다가서다

요루

本屋<small>ほんや</small>に寄<small>よ</small>って、雑誌<small>ざっし</small>を買<small>か</small>ってきます。

서점에 들러서 잡지를 사 옵니다.

☑ **よろこぶ** 喜ぶ　　　　　　　　동 기뻐하다

요로꼬부

母<small>はは</small>が喜<small>よろこ</small>ぶ姿<small>すがた</small>を見<small>み</small>るのが嬉<small>うれ</small>しいです。

어머니가 기뻐하는 모습을 보는 것이 기쁩니다.

☑ **りゆう** 理由　　　　　　　　　명 이유

리유-

最後<small>さいご</small>まで反対<small>はんたい</small>をした理由<small>りゆう</small>は何<small>なん</small>ですか。

끝까지 반대를 한 이유는 무엇입니까?

■ **りょうする** 利用する ⑧ 이용하다

리요-스루

コインロッカーを<u>利用した</u>ことがあります。
동전사물함을 이용한 적이 있습니다.

■ **りょうほう** 両方 ⑨ 양쪽, 쌍방

료-호-

<u>両方</u>とも<u>気</u>に<u>入</u>って、なかなか<u>決</u>められません。
양쪽 모두 마음에 들어서 좀처럼 정할 수 없습니다.

り
る
れ

■ **るす** 留守 ⑨ 부재중

루스

<u>先週</u>は<u>旅行</u>をしていて、<u>留守</u>でした。
지난주는 여행을 하고 있어서 부재중이었습니다.

れ

■ **れいぼう** 冷房 ⑨ 냉방

레-보-

<u>室内</u>が<u>暑</u>いから、<u>冷房</u>をつけましょう。
실내가 더우니까 냉방을 켭시다.

☑ **れきし** 歴史　　　　　　　　　**명** 역사

레끼시

<ruby>歴史<rt>れきし</rt></ruby>に<ruby>関<rt>かん</rt></ruby>する<ruby>本<rt>ほん</rt></ruby>をたくさん<ruby>買<rt>か</rt></ruby>いました。

역사에 관한 책을 많이 샀습니다.

☑ **れんらく** 連絡　　　　　　　　**명** 연락

렌라꾸

<ruby>友達<rt>ともだち</rt></ruby>から<ruby>三ヶ月<rt>さんかげつ</rt></ruby>も<ruby>連絡<rt>れんらく</rt></ruby>がありません。

친구로부터 3개월이나 연락이 없습니다.

☑ **わかす** 沸かす　　　　　　　　**동** 끓이다, 데우다

와까스

コーヒーが<ruby>飲<rt>の</rt></ruby>みたくて、お<ruby>湯<rt>ゆ</rt></ruby>を<ruby>沸<rt>わ</rt></ruby>かします。

커피가 마시고 싶어서 물을 끓입니다.

☑ **わかれる** 別れる　　　　　　　**동** 헤어지다, 이별하다

와까레루

<ruby>彼女<rt>かのじょ</rt></ruby>とはどんな<ruby>理由<rt>りゆう</rt></ruby>で<ruby>別<rt>わか</rt></ruby>れましたか。

그녀와는 어떤 이유로 헤어졌습니까?

☑ **わく** 沸く　　　　　　　　　　**동** 끓다, 뜨거워지다

와꾸

さっきからやかんのお<ruby>湯<rt>ゆ</rt></ruby>が<ruby>沸<rt>わ</rt></ruby>いています。

아까부터 주전자의 물이 끓고 있습니다.

■ **わけ** 訳 　　　　　(명) 이유, 사정, 이치, 도리

와께

彼女が怒っている訳が知りたいです。

그녀가 화를 내고 있는 이유가 궁금합니다.

■ **わすれもの** 忘れ物 　　(명) 분실물

와스레모노

このかばんがあなたの忘れ物ですか。

이 가방이 당신의 분실물입니까?

■ **わらう** 笑う 　　　　　(동) 웃다

와라우

内容がおかしくて、大声で笑いました。

내용이 우스워서 큰소리로 웃었습니다.

■ **わりあいに** 割合に 　　(부) 비교적, 뜻밖에

와리아이니

持ってみたら、割合に重くありません。

들어 보았더니, 비교적 무겁지 않습니다.

■ **われる** 割れる 　　　　(동) 깨지다, 부서지다

와레루

私の不注意で、花瓶が割れました。

나의 부주의로 꽃병이 깨졌습니다.

わ

219

ア

☑ **アクセサリー**　　　명 액세서리(accessary)

악쎄사리—

<u>アクセサリー</u>は指輪しかありません。

액세서리는 반지밖에 없습니다.

☑ **アジア**　　　명 아시아(asia)

아지아

韓国と日本は<u>アジア</u>にある国です。

한국과 일본은 아시아에 있는 나라입니다.

☑ **アナウンサー**　　　명 아나운서(announcer)

아나운사—

私の夢は<u>アナウンサー</u>になることです。

나의 꿈은 아나운서가 되는 것입니다.

☑ **アフリカ**　　　명 아프리카(africa)

아후리까

大学生になったら、<u>アフリカ</u>に行きたいです。

대학생이 되면, 아프리카에 가고 싶습니다.

☑ **アメリカ**　　　명 아메리카(America), 미국

아메리까

<u>アメリカ</u>で何年間留学してきましたか。

미국에서 몇 년 동안 유학하고 왔습니까?

☑ アルコール
명 알코올(alcohol)

아루꼬-루

アルコールが入らないお酒はありません。

알코올이 들어가지 않는 술은 없습니다.

☑ アルバイト
명 아르바이트(arbeit)

아루바이또

毎日四時間くらい**アルバイト**をします。

매일 4시간 정도 아르바이트를 합니다.

☑ エスカレーター
명 에스컬레이터(escalator)

에스까레-따-

エスカレーターに乗って、地下まで行けますか。

에스컬레이터를 타고 지하까지 갈 수 있습니까?

☑ オートバイ
명 오토바이(autobicycle)

오-또바이

オートバイは危ないから、乗らないでください。

오토바이는 위험하니까 타지 말아 주세요.

☑ オーバー
명 오버코트(overcoat), 외투

オーバー

風が強くて、オーバーを着ました。

바람이 강해서 외투를 입었습니다.

☑ カーテン
명 커튼(curtain)

カーてん

窓に新しいカーテンをつけています。

창문에 새 커튼을 달고 있습니다.

☑ ガス
명 가스(gas)

가스

ガスを使うときはいつも気をつけましょう。

가스를 사용할 때는 항상 주의합시다.

☑ ガソリンスタンド
명 주유소(gasoline stand)

가소린스딴도

近くにガソリンスタンドはありませんか。

근처에 주유소는 없습니까?

☑ ガラス
명 글라스(glass), 유리

가라스

ガラスの花瓶はとても高いです。

유리 꽃병은 매우 비쌉니다.

ケ

■ **ケーキ**　　　　　　　명 케이크(cake)

케-끼

誕生日の日はいつも<u>ケーキ</u>を食べます。

생일날에는 항상 케이크를 먹습니다.

コ

■ **コンサート**　　　　명 콘서트(concert)

콘사-또

好きな歌手の<u>コンサート</u>に行きました。

좋아하는 가수의 콘서트에 갔습니다.

■ **コンピュータ(ー)**　　명 컴퓨터(computer)

콤퓨-따(-)

<u>コンピューター</u>の調子がおかしいです。

컴퓨터의 상태가 이상합니다.

カ
ケ
コ

サ

☑ **サラダ** 　　　　　　　　（명） 샐러드(salad)

사라다

果物を入れて<u>サラダ</u>を作ります。

과일을 넣어서 샐러드를 만듭니다.

☑ **サンダル** 　　　　　　　　（명） 샌들(sandal)

산다루

夏には暑いから、<u>サンダル</u>をはきます。

여름에는 더우니까 샌들을 신습니다.

☑ **サンドイッチ** 　　　　　　（명） 샌드위치(sandwich)

산도잇찌

<u>サンドイッチ</u>と紅茶を注文しました。

샌드위치와 홍차를 주문했습니다.

シ

☑ **ジャム** 　　　　　　　　（명） 잼(jam)

쟈무

パンに<u>ジャム</u>を塗って食べるのが好きです。

빵에 잼을 발라서 먹는 것을 좋아합니다.

ス

☑ **スーツ** 　　　　　　　 명 양복(suit)

스ー쯔

面接があって、新しいスーツを買いました。

면접이 있어서 새 양복을 샀습니다.

☑ **スーパー(マーケット)** 　명 슈퍼마켓(supermarket)

스ー빠ー(마ー껫뜨)

スーパーにおかずコーナーができました。

슈퍼에 반찬 코너가 생겼습니다.

☑ **スクリーン** 　　　　　　명 스크린(screen)

스꾸리ー잉

この映画館のスクリーンは小さい方です。

이 영화관의 스크린은 작은 편입니다.

☑ **ステーキ** 　　　　　　　명 스테이크(stake)

스떼ー끼

ステーキを食べるときはワインも飲みます。

스테이크를 먹을 때는 와인도 마십니다.

サ
シ
ス

タ

☑ **タイプ** 　　　　　　⟨명⟩ 타입(type), 유형

타이쁘

どんな**タイプ**の帽子が気に入りますか。
_{ぼうし} _き _い

어떤 타입의 모자가 마음에 듭니까?

チ

☑ **チェック** 　　　　　　⟨명⟩ 체크(check), 확인

쳇꾸

間違った所があるか、**チェック**をしています。
_{まちが} _{ところ}

잘못된 곳이 있는지 체크를 하고 있습니다.

テ

☑ **テキスト** 　　　　　　⟨명⟩ 텍스트(text), 교과서

테끼스또

昨日は**テキスト**を持ってきませんでした。
_{きのう} _も

어제는 교과서를 가지고 오지 않았습니다.

☑ テニス
(명) 테니스(tennis)

테니스

<u>テニス</u>が<ruby>上手<rt>じょうず</rt></ruby>で、<ruby>選手<rt>せんしゅ</rt></ruby>になりました。

테니스를 잘해서 선수가 되었습니다.

☑ パパ
(명) 파파(papa), 아빠

파빠

<ruby>小<rt>ちい</rt></ruby>さい<ruby>頃<rt>ころ</rt></ruby>は<ruby>父<rt>ちち</rt></ruby>を<u>パパ</u>と<ruby>呼<rt>よ</rt></ruby>びました。

어렸을 때는 아버지를 '파파'라고 불렀습니다.

☑ ハンバーグ
(명) 햄버그(hamburg)

함바-구

<u>ハンバーグ</u>の<ruby>作<rt>つく</rt></ruby>り<ruby>方<rt>かた</rt></ruby>を<ruby>知<rt>し</rt></ruby>っていますか。

햄버그 만드는 법을 알고 있습니까?

☑ ピアノ
(명) 피아노(piano)

피아노

<ruby>家<rt>いえ</rt></ruby>に<u>ピアノ</u>がなくて、<ruby>練習<rt>れんしゅう</rt></ruby>できません。

집에 피아노가 없어서 연습할 수 없습니다.

タ
チ
テ
ハ
ヒ

227

☑ **ビル** 몡 빌딩(building)

비루

向こうにある白いビルが病院です。

건너편에 있는 하얀 빌딩이 병원입니다.

フ

☑ **プレゼント** 몡 선물(present)

푸레젠또

この人形は誰にあげるプレゼントですか。

이 인형은 누구에게 주는 선물입니까?

☑ **ベル** 몡 벨(bell)

베루

ベルを押したら、人が出てきました。

벨을 눌렀더니, 사람이 나왔습니다.

□ **レジ** 명 계산대(register)

레지

お会計は入口にある<u>レジ</u>でお願いします。

계산은 입구에 있는 계산대에서 해 주세요.

□ **レポート・リポート** 명 리포트(report)

레뽀ー또 · 리뽀ー또

来週までは<u>レポート</u>を提出します。

다음 주까지는 리포트를 제출하겠습니다.

□ **ワープロ** 명 워드 프로세서(word processor)

와ー뿌로

<u>ワープロ</u>を使って、報告書を書きます。

워드 프로세서를 사용하여 보고서를 씁니다.

ワ

フ
ヘ
レ

229

1 다음 단어에 해당하는 뜻을 서로 연결하세요.

(1) なげる ・　　　　　　　　　・ ①거들다, 돕다

(2) そろそろ ・　　　　　　　　・ ②칭찬하다

(3) てつだう ・　　　　　　　　・ ③드디어, 마침내

(4) はずかしい ・　　　　　　　・ ④던지다

(5) つたえる ・　　　　　　　　・ ⑤전하다, 전달하다

(6) ほめる ・　　　　　　　　　・ ⑥창피하다, 부끄럽다

(7) とうとう ・　　　　　　　　・ ⑦지나가다, 통과하다

(8) もちろん ・　　　　　　　　・ ⑧살이 찌다

(9) にる ・　　　　　　　　　　・ ⑨졸리다

(10) ふとる ・　　　　　　　　　・ ⑩물론

(11) とおる ・　　　　　　　　　・ ⑪슬슬

(12) ねむい ・　　　　　　　　　・ ⑫닮다

해답
(1)④　　(2)⑪　　(3)①　　(4)⑥　　(5)⑤　　(6)②
(7)③　　(8)⑩　　(9)⑫　　(10)⑧　　(11)⑦　　(12)⑨

2 다음 한자에 해당하는 읽는 법을 보기에서 고르세요.

(1) 会社

          ① かいしゃ   ② がいしゃ   ③ けいしゃ

(2) 注意

          ① じゅうい   ② ちゅい   ③ ちゅうい

(3) 上着

          ① うえき   ② うわぎ   ③ うえぎ

(4) 心配

          ① しんばい   ② しんはい   ③ しんぱい

(5) 最後

          ① さいごう   ② さいご   ③ さいこう

(6) 安全

          ① あんぜん   ② あんぞん   ③ あんでん

해답

   (1)①   (2)③   (3)②   (4)③   (5)②   (6)①

(7)失敗 　　①しつはい　　②しっぱい　　③しつばい

(8)空港 　　①こうくう　　②くうこう　　③こうはん

(9)男性 　　①たんせい　　②だんしょう　　③だんせい

(10)大人 　　①たいにん　　②おとな　　③だいじん

(11)下手 　　①へた　　②かて　　③へだ

(12)残念 　　①さんねん　　②ざんりん　　③ざんねん

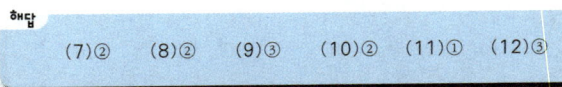

해답

(7)②　(8)②　(9)③　(10)②　(11)①　(12)③

3 다음 외래어에 해당하는 가타카나를 보기에서 고르세요.

(1) 커튼

        ① コーテン   ② カーテン   ③ カテン

(2) 아프리카

        ① アフリカ   ② アプ리か   ③ オフリカ

(3) 선물

        ① フレゼント   ② プレゼント   ③ プリゼント

(4) 테니스

        ① テーニス   ② テネス   ③ テニス

(5) 콘서트

        ① カンサート   ② コンサト   ③ コンサート

(6) 잼

        ① ジャム   ② ゼム   ③ シャム

해답

(1) ②   (2) ①   (3) ②   (4) ③   (5) ③   (6) ①

(7) 스테이크

　　　①ステイク　　　②ステーキ　　　③ステーク

(8) 텍스트

　　　①テクスト　　　②テキスト　　　③デキスト

(9) 피아노

　　　①ピエノ　　　②ピアーノ　　　③ピアノ

(10) 케이크

　　　①ケキ　　　②ケーキ　　　③ケーク

(11) 샌들

　　　①センドル　　　②サンドル　　　③サンダル

(12) 슈퍼

　　　①スーパー　　　②スパー　　　③シューバー

해답

(7)②　　(8)②　　(9)③　　(10)②　　(11)③　　(12)①

4 다음 문장에 해당하는 단어를 보기에서 고르세요.

> ①別れましたか   ②寄って   ③もうすぐ
> ④続ける   ⑤込みます

(1)서점에 들러서 잡지를 사 옵니다.

本屋に(　　　)雑誌を買ってきます。

(2)일은 언제까지 계속할 작정입니까?

仕事はいつまで(　　　)つもりですか。

(3)그녀와는 어떤 이유로 헤어졌습니까?

彼女とはどんな理由で(　　　)。

(4)이 상점은 밤중에도 사람들로 붐빕니다.

この店は夜中でも人たちで(　　　)。

(5)이제 곧 시작되니까 들어와 주세요.

(　　　)始まるから、入ってください。

해답

(1)②   (2)④   (3)①   (4)⑤   (5)③

줄여 쓰는 일본어

일본인들은 단어를 발음하기 쉽도록 짧게 줄여서 쓰는 것을 무척 좋아한다.
특히, 회화체에서는 그 현상이 두드러진다. 히라가나는 물론이고 외래어를
나타내는 가타카나 역시 마찬가지다.

ケータイ	휴대전화
	[携帯電話(けいたいでんわ)의 줄임말]
留守電(るすでん)	부재중 전화
	[留守番電話(るすばんでんわ)의 줄임말]
ファミレス	패밀리 레스토랑
	[ファミリーレストラン의 줄임말]
おもろい	재미있다
	[面白(おもしろ)い의 줄임말]
むずい	어렵다
	[難(むずか)しい의 줄임말]
うざい	짜증난다, 짜증스럽다
	[うざったい의 줄임말]

3장

왕초보 탈출

3단계

본격적으로 어휘량을 늘리려는 분들을 위한 중급 단어

あ

■ **あいする** 愛する　　⟨동⟩ 사랑하다
아이스루
あなたは彼を心から愛していますか。
당신은 그를 진심으로 사랑하고 있습니까?

■ **あいて** 相手　　⟨명⟩ 상대방, 상대편
아이떼
彼女は相手のことまで心配します。
그녀는 상대방의 일까지 걱정합니다.

■ **あきらめる** 諦める　　⟨동⟩ 포기하다
아끼라메루
今諦める人はきっと後悔します。
지금 포기하는 사람은 반드시 후회합니다.

■ **あきる** 飽きる　　⟨동⟩ 질리다, 싫증내다
아끼루
彼女は人でも物でもすぐ飽きます。
그녀는 사람도 물건도 금방 싫증냅니다.

■ **あくしゅ** 握手　　⟨명⟩ 악수
악슈
社員たちが社長と握手をします。
사원들이 사장님과 악수를 합니다.

あ

☑ **あげる**　　　　　　(동) (내가 남에게) 주다

아게루

ペンが<ruby>二<rt>ふた</rt></ruby>つあるから、あなたに<ruby>一<rt>ひと</rt></ruby>つあげます。

펜이 2개 있으니까, 당신에게 1개 주겠습니다.

☑ **あこがれる** 憧れる　　(동) 동경하다

아꼬가레루

<ruby>小<rt>ちい</rt></ruby>さい<ruby>頃<rt>ころ</rt></ruby>は<ruby>芸能人<rt>げいのうじん</rt></ruby>に<ruby>憧<rt>あこが</rt></ruby>れていました。

어렸을 때는 연예인을 동경했습니다.

☑ **あずかる** 預かる　　(동) 맡다, 떠맡다

아즈까루

<ruby>去年<rt>きょねん</rt></ruby>からおばあさんが<ruby>孫<rt>まご</rt></ruby>を<ruby>預<rt>あず</rt></ruby>かっています。

작년부터 할머니가 손자를 맡고 있습니다.

☑ **あずける** 預ける　　(동) 맡기다, 떠맡기다

아즈께루

となりの<ruby>人<rt>ひと</rt></ruby>に<ruby>子供<rt>こども</rt></ruby>を<ruby>預<rt>あず</rt></ruby>けて<ruby>出<rt>で</rt></ruby>かけました。

옆집 사람에게 아이를 맡기고 외출했습니다.

☑ **あせ** 汗　　　　　　(명) 땀

아세

<ruby>今日<rt>きょう</rt></ruby>はとても<ruby>暑<rt>あつ</rt></ruby>くて、ずっと<ruby>汗<rt>あせ</rt></ruby>が<ruby>出<rt>で</rt></ruby>ます。

오늘은 너무 더워서 계속 땀이 납니다.

☑ **あたえる** 与える　　(동) 주다, 부여하다

아따에루

<ruby>私<rt>わたし</rt></ruby>にはどんな<ruby>仕事<rt>しごと</rt></ruby>を<ruby>与<rt>あた</rt></ruby>えるつもりですか。

나에게는 어떤 일을 줄 생각입니까?

☑ **あたたかだ** 暖かだ・温かだ 〔な형〕 따뜻하다

아따따까다

五月からは暖かな日が続いています。

5월부터는 따뜻한 날이 계속되고 있습니다.

☑ **あたり** 辺り 〔명〕 주위, 주변, 근처

아따리

この辺りは朝から晩までにぎやかです。

이 주변은 아침부터 밤까지 번화합니다.

☑ **あたりまえだ** 当たり前だ 〔な형〕 당연하다

아따리마에다

彼が怒っているのは当たり前なことです。

그가 화를 내고 있는 것은 당연한 일입니다.

☑ **あちらこちら** 〔명〕 여기저기, 이곳저곳

아찌라꼬찌라

あちらこちらで笑っている声が聞こえます。

여기저기에서 웃고 있는 목소리가 들립니다.

☑ **あな** 穴 〔명〕 구멍

아나

穴が小さくて、どこにも使えないでしょう。

구멍이 작아서 어디에도 쓸 수 없을 것입니다.

☑ **あぶら** 油・脂 〔명〕 기름

아부라

油を入れると、さっぱりした味になりません。

기름을 넣으면 깔끔한 맛이 되지 않습니다.

あ

☑ **あまる** 余る　　　　　　(동) 남다

아마루

余っているものがあれば、私にもください。

남아 있는 것이 있으면 나에게도 주세요.

☑ **あやしい** 怪しい　　　　(い형) 이상하다, 수상하다

아야시-

さっきから怪しい男が家の前にいます。

아까부터 수상한 남자가 집 앞에 있습니다.

☑ **あらそう** 争う　　　　　(동) 다투다, 싸우다

아라소우

考えていることが違って、争っています。

생각하고 있는 것이 달라서 다투고 있습니다.

☑ **あらわれる** 表(わ)れる・現(わ)れる　(동) 나타나다, 드러나다

아라와레루

教室で騒ぐときに先生が現れました。

교실에서 소란을 피울 때 선생님이 나타났습니다.

☑ **あれこれ**　　　　　　(명) 이것저것

아레꼬레

必要でもない物をあれこれ買ってしまいました。

필요하지도 않은 물건을 이것저것 사고 말았습니다.

☑ **あわてる** 慌てる　　　　(동) 당황하다, 허둥대다

아와떼루

いきなり父が部屋に入って慌てました。

갑자기 아버지가 방에 들어와서 당황했습니다.

い

☑ い 胃
명 위, 위장

이

ごはんを食べすぎて、胃の調子が悪いです。

밥을 많이 먹어서 위장 상태가 안 좋습니다.

☑ いがいと 意外と
부 의외로

이가이또

彼女は意外とサッカーが上手だそうです。

그녀는 의외로 축구를 잘한다고 합니다.

☑ いき 息
명 숨, 호흡

이끼

息が苦しいほど、体力が落ちています。

호흡이 힘들 만큼 체력이 떨어지고 있습니다.

☑ いきなり
부 갑자기

이끼나리

ノックもしないで、いきなり部屋に入りました。

노크도 하지 않고 갑자기 방으로 들어왔습니다.

☑ いこう 以降
명 이후

이꼬우

午後四時以降は誰も面会できません。

오후 4시 이후는 아무도 면회할 수 없습니다.

い

☑ **いし** 医師　　　　　　　**명** 의사

이시

医師になりたいなら、医科大学に入りなさい。

의사가 되고 싶다면, 의과대학에 들어가세요.

☑ **いし** 意思・意志　　　　**명** 의사, 의지

이시

相手に自分の意思をはっきり伝えなさい。

상대방에게 자기 의사를 확실히 전달하세요.

☑ **いしき** 意識　　　　　　**명** 의식

이시끼

道に倒れた人が意識を失いました。

길에 쓰러진 사람이 의식을 잃었습니다.

☑ **いじょうだ** 異常だ　　**な형** 이상하다

이죠–다

そんなことまで気にするのは異常です。

그런 것까지 신경 쓰는 것은 이상합니다.

☑ **いたむ** 痛む　　　　　　**동** 아프다

이따무

歯が痛んで、何にも食べられません。

이가 아파서 아무것도 먹을 수 없습니다.

☑ **いち** 位置　　　　　　　**명** 위치

이찌

今どこにいるのか、位置を教えてください。

지금 어디에 있는지, 위치를 가르쳐 주세요.

243

☑ いちいち 一々　（副）일일이, 하나하나

이찌이찌

重要でもないことまでいちいち報告しました。

중요하지도 않은 일까지 일일이 보고했습니다.

☑ いちおう 一応　（副）일단

이찌오-

一応、本人に電話をかけてみます。

일단 본인에게 전화를 걸어 보겠습니다.

☑ いつか　（副）언젠가

이쯔까

いつか彼と映画を見に行きたいです。

언젠가 그와 영화를 보러 가고 싶습니다.

☑ いっしょう 一生　（副）평생

잇쑈-

一生この仕事を続けるつもりですか。

평생 이 일을 계속할 작정입니까?

☑ いったい 一体　（副）도대체

잇따이

一体主張したいこととは何ですか。

도대체 주장하고 싶은 것이 무엇입니까?

☑ いつでも　（副）언제라도, 언제든지

이쯔데모

いつでも分からないことは聞きなさい。

언제라도 모르는 것은 물으세요.

い

☑ **いつのまにか** いつの間にか (부) 어느 새, 어느 샌가

이쯔노마니까

いつの間にか先生がそばに来ていました。

어느 샌가 선생님이 옆에 와 있었습니다.

☑ **いつまでも** (부) 언제까지나

이쯔마데모

いつまでも仲いい友達になってください。

언제까지나 사이좋은 친구가 되어 주세요.

☑ **いどうする** 移動する (동) 이동하다

이도-스루

来月から本社の総務部に移動します。

다음 달부터 본사 총무부로 이동합니다.

☑ **いのち** 命 (명) 목숨, 생명

이노찌

何といっても、人間の命は大切です。

뭐니 뭐니 해도 인간의 생명은 소중합니다.

☑ **いはんする** 違反する (동) 위반하다

이한스루

交通規則を違反したら、どうなりますか。

교통규칙을 위반하면 어떻게 됩니까?

☑ **いま** 居間 (명) 거실

이마

家族みんな居間でテレビを見ています。

가족 모두 거실에서 텔레비전을 보고 있습니다.

☑ **いやがる** 嫌がる　　（動）싫어하다

이야가루

体を動かすのをいちばん嫌がります。

몸을 움직이는 것을 가장 싫어합니다.

う

☑ **うかぶ** 浮かぶ　　（動）떠오르다

우까부

いいアイデアが浮かんだら、私に話してください。

좋은 아이디어가 떠오르면 나에게 얘기해 주세요.

☑ **うごかす** 動かす　　（動）움직이다

우고까스

後ろに空間があるから、そちらに動かします。

뒤에 공간이 있으니까 그쪽으로 움직이겠습니다.

☑ **うしなう** 失う　　（動）잃다, 분실하다

우시나우

これ以上は失う物もないと思います。

더 이상은 잃을 것도 없다고 생각합니다.

☑ **うたがう** 疑う　　（動）의심하다

우따가우

警察が疑っている人は誰ですか。

경찰이 의심하고 있는 사람은 누구입니까?

☑ うちゅう 宇宙　　　　（명）우주

우쮸−
宇宙に関する本を読んでいます。
우주에 관한 책을 읽고 있습니다.

☑ うつす 移す　　　　（동）옮기다, 이동하다

우쯔스
考えていることを行動に移します。
생각하고 있는 것을 행동으로 옮기겠습니다.

☑ うつる 写る　　　　（동）사진에 찍히다

우쯔루
この写真に写っている人は誰ですか。
이 사진에 찍혀 있는 사람은 누구입니까?

☑ うつる 映る　　　　（동）비치다

우쯔루
窓ガラスに建物のネオンが映ります。
창문에 건물의 네온이 비칩니다.

☑ うばう 奪う　　　　（동）빼앗다

우바우
人の物を無理やり奪ってはいけません。
남의 물건을 억지로 빼앗아서는 안 됩니다.

☑ うらむ 恨む　　　　（동）원망하다

우라무
人を恨むと、自分がもっと苦しいです。
남을 원망하면 자신이 더 괴롭습니다.

う

247

☑ **うらやましい** 羨ましい (い형) 부럽다

우라야마시ー

<ruby>奨学金<rt>しょうがくきん</rt></ruby>をもらう<ruby>友達<rt>ともだち</rt></ruby>が<u>うらやましいです</u>。

장학금을 받는 친구가 부럽습니다.

☑ **うれる** 売れる (동) 팔리다

우레루

この<ruby>店<rt>みせ</rt></ruby>では<ruby>携帯電話<rt>けいたいでんわ</rt></ruby>がよく<u><ruby>売<rt>う</rt></ruby>れて</u>います。

이 가게에서는 휴대전화가 잘 팔리고 있습니다.

☑ **えいきょう** 影響 (명) 영향

에ー꾜ー

<ruby>公害<rt>こうがい</rt></ruby>は<ruby>自然<rt>しぜん</rt></ruby>に<ruby>悪<rt>わる</rt></ruby>い<u><ruby>影響<rt>えいきょう</rt></ruby></u>を<ruby>与<rt>あた</rt></ruby>えます。

공해는 자연에게 나쁜 영향을 줍니다.

☑ **えがお** 笑顔 (명) 웃는 얼굴, 웃음 띤 얼굴

에가오

<ruby>彼女<rt>かのじょ</rt></ruby>はいつも<u><ruby>笑顔<rt>えがお</rt></ruby></u>で<ruby>挨拶<rt>あいさつ</rt></ruby>をします。

그녀는 항상 웃는 얼굴로 인사를 합니다.

☑ **えがく** 描く (동) (그림을) 그리다

에가꾸

スケッチブックにクレヨンで<u><ruby>描<rt>えが</rt></ruby>いて</u>います。

스케치북에 크레용으로 그리고 있습니다.

☑ **えらい** 偉い　　　　い형 위대하다, 대단하다

에라이

<ruby>一<rt>いち</rt></ruby><ruby>日<rt>にち</rt></ruby>で<ruby>完成<rt>かんせい</rt></ruby>させたのはとても<ruby>偉<rt>えら</rt></ruby>いです。

하루 만에 완성시킨 것은 매우 대단합니다.

☑ **えんぎ** 演技　　　　명 연기

엥기

<ruby>俳優<rt>はいゆう</rt></ruby>の<ruby>演技<rt>えんぎ</rt></ruby>は<ruby>本当<rt>ほんとう</rt></ruby>に<ruby>素晴<rt>すば</rt></ruby>らしいです。

배우의 연기는 정말 훌륭합니다.

☑ **えんそう** 演奏　　　　명 연주

엔소–

<ruby>十分<rt>じゅっぷん</rt></ruby><ruby>後<rt>ご</rt></ruby>にバイオリンの<ruby>演奏<rt>えんそう</rt></ruby>が<ruby>始<rt>はじ</rt></ruby>まります。

10분 후에 바이올린 연주가 시작됩니다.

☑ **えんそく** 遠足　　　　명 소풍

엔소꾸

あしたは<ruby>遠足<rt>えんそく</rt></ruby>に<ruby>行<rt>い</rt></ruby>くから、<ruby>授業<rt>じゅぎょう</rt></ruby>がありません。

내일은 소풍을 가기 때문에 수업이 없습니다.

☑ **えんちょうする** 延長する　　　　동 연장하다, 늘리다

엔쬬–스루

<ruby>契約<rt>けいやく</rt></ruby><ruby>期間<rt>きかん</rt></ruby>をもう<ruby>一年<rt>いちねん</rt></ruby><ruby>延長<rt>えんちょう</rt></ruby>しました。

계약 기간을 1년 더 연장했습니다.

☑ **えんとつ** 煙突　　　　명 굴뚝

엔또쯔

<ruby>工場<rt>こうじょう</rt></ruby>の<ruby>煙突<rt>えんとつ</rt></ruby>から<ruby>黒<rt>くろ</rt></ruby>い<ruby>煙<rt>けむり</rt></ruby>が<ruby>出<rt>で</rt></ruby>ます。

공장의 굴뚝에서 검은 연기가 나옵니다.

え

249

お

☑ **おうえんする** 応援する 　⑧ 응원하다

오-엔스루

いちばん前の席で応援していました。

제일 앞자리에서 응원하고 있었습니다.

☑ **おうふく** 往復 　⑲ 왕복

오-후꾸

大阪までは往復でどのくらいかかりますか。

오사카까지는 왕복으로 어느 정도 걸립니까?

☑ **おく** 奥 　⑲ 구석, 속

오꾸

山の奥で道に迷ったことがあります。

산 속에서 길을 잃은 적이 있습니다.

☑ **おこる** 起こる 　⑧ 일어나다, 발생하다

오꼬루

こんな事態が起こった原因は何ですか。

이런 사태가 일어난 원인은 무엇입니까?

☑ **おさえる** 押える 　⑧ 누르다

오사에루

手で紙を押さえて、字を書いています。

손으로 종이를 누르며 글씨를 쓰고 있습니다.

☑ **おさない** 幼い　　　い형 어리다, 유치하다

오사나이

幼い子供が一人で泣いています。

어린 아이가 혼자 울고 있습니다.

☑ **おしい** 惜しい　　　い형 아깝다, 안타깝다

오시-

一つ知らない問題があって惜しいです。

한 가지 모르는 문제가 있어서 안타깝습니다.

☑ **おしゃべり**　　　명 수다

오샤베리

授業中におしゃべりをしたら怒られます。

수업 중에 수다를 떨면 꾸중을 듣습니다.

☑ **おしゃれ** お洒落　　　명 멋쟁이

오샤레

彼女は高校生のときからおしゃれでした。

그녀는 고등학생 때부터 멋쟁이였습니다.

☑ **おそろしい** 恐ろしい　　　い형 무섭다, 두렵다

오소로시-

姉と見た映画は恐ろしかったです。

언니(누나)와 본 영화는 무서웠습니다.

☑ **おたがい(に)** お互い(に)　　　부 서로

오따가이(니)

お互いに力を合せて完成しました。

서로 힘을 합쳐서 완성했습니다.

お

☑ **おだやかだ** 穏やかだ (な형) 온화하다, 평안하다

오다야까다

これからは本当に穏やかに暮らしたいです。

이제부터는 정말 평안하게 살고 싶습니다.

☑ **おちつく** 落ち着く (동) 가라앉다, 안정되다, 진정되다

오찌쯔꾸

どうか落ち着いたあとで話を始めましょう。

제발 진정된 후에 이야기를 시작합시다.

☑ **おとなしい** 大人しい (い형) 어른스럽다, 얌전하다

오또나시-

もう二十歳になったから、大人しくしてください。

이제 스무 살이 되었으니까, 얌전하게 행동하세요.

☑ **おどろかす** 驚かす (동) 놀라게 하다

오도로까스

いたずらで人を驚かすのは悪いことです。

장난으로 남을 놀라게 하는 것은 나쁜 짓입니다.

☑ **おもいで** 思い出 (명) 추억

오모이데

その頃は楽しい思い出がありました。

그 무렵에는 즐거운 추억이 있었습니다.

☑ **おろす** 下ろす・降ろす (동) 내리다

오로스

荷物を一つも残さないで降ろしました。

짐을 한 개도 남기지 않고 내렸습니다.

☑ おんせん 温泉　　　**명** 온천

온셍
その温泉に行くには予約が要ります。
그 온천에 가려면 예약이 필요합니다.

か

☑ かいがい 海外　　　**명** 해외

카이가이
今度の出張は海外に行きます。
이번 출장은 해외로 갑니다.

☑ かいけつする 解決する　　　**동** 해결하다

카이께쯔
問題を解決するには時間がかかります。
문제를 해결하려면 시간이 걸립니다.

☑ がいしゅつ 外出　　　**명** 외출

가이슈쯔
結局、外出の許可を出してあげました。
결국 외출 허가를 내 주었습니다.

☑ かいとう 回答・解答　　　**명** 해답

카이또-
よく分からない問題は解答を見ます。
잘 모르는 문제는 해답을 봅니다.

☑ **かいふく** 回復   명 회복

カイ후꾸

手術が成功して、回復も速いです。
しゅじゅつ　せいこう　　かいふく　はや

수술이 성공해서 회복도 빠릅니다.

☑ **かおり** 香り   명 향기

카오리

花がたくさん咲いて、いい香りがします。
はな　　　　　さ　　　　　　　かお

꽃이 많이 피어서 좋은 향기가 납니다.

☑ **かかく** 価格   명 가격

카까꾸

最近はデジタルカメラの価格が下がりました。
さいきん　　　　　　　　　　かかく　さ

요즘은 디지털 카메라의 가격이 내려갔습니다.

☑ **かがやく** 輝く   동 빛나다

카가야꾸

指輪についているダイヤモンドが輝いています。
ゆびわ　　　　　　　　　　　　　　　かがや

반지에 붙어 있는 다이아몬드가 빛나고 있습니다.

☑ **かかわる** 関わる・係わる   동 관련되다

카까와루

彼とは全然関わっていることがありません。
かれ　　ぜんぜんかか

그와는 전혀 관련되어 있는 것이 없습니다.

☑ **かぎる** 限る   동 제한하다, 한정되다

카기루

入場者を百人までに限ります。
にゅうじょうしゃ　ひゃくにん　　　かぎ

입장하는 사람을 100명까지로 제한하겠습니다.

☑ **かぐ** 家具　　　　　　　명 가구

카구

部屋にある家具はすべて新しいものです。

방에 있는 가구는 모두 새 것입니다.

☑ **かぐ** 嗅ぐ　　　　　　　동 냄새를 맡다

카구

すみませんが、匂いを嗅いでみてもいいでしょうか。

미안합니다만, 냄새 좀 맡아 봐도 될까요?

☑ **かくごする** 覚悟する　　동 각오하다

카꾸고스루

彼とは絶対会わないと覚悟しました。

그와는 절대로 만나지 않겠다고 각오했습니다.

か

☑ **かくじつだ** 確実だ　　　な형 확실하다

카꾸지쯔다

確実な対策から立てるのが先です。

확실한 대책부터 세우는 것이 먼저입니다.

☑ **かくす** 隠す　　　　　　동 숨기다, 감추다

카꾸스

後ろに隠している物は何ですか。

뒤에 숨기고 있는 것은 무엇입니까?

☑ **かくにん** 確認　　　　　명 확인

카꾸닝

部長に確認をとってから始めました。

부장님한테 확인을 받고 나서 시작했습니다.

255

☑ かげ 陰・影　　　　　(명) 그늘, 그림자

카게

木の陰で休んでいると、眠くなります。

나무 그늘에서 쉬고 있었더니, 졸음이 옵니다.

☑ かこ 過去　　　　　(명) 과거

카꼬

過去については絶対話したくありません。

과거에 대해서는 절대 이야기하고 싶지 않습니다.

☑ かさなる 重なる　　　(동) 겹쳐지다, 중복되다

카사나루

約束が重なって、どうしたらいいか分かりません。

약속이 겹쳐서 어떻게 하면 좋을지 모르겠습니다.

☑ かねねる 重ねる　　　(동) 겹치다, 포개다

카사네루

こんなに重ねておくと、形が崩れます。

이렇게 포개 두면, 모양이 망가집니다.

☑ かじ 家事　　　　　(명) 가사, 집안일

카지

洗濯や掃除などの家事は嫌いです。

빨래나 청소 등의 집안일은 싫습니다.

☑ かしこい 賢い　　　　(い형) 현명하다

카시꼬이

私は慎重で賢い人になりたいです。

나는 신중하고 현명한 사람이 되고 싶습니다.

☑ **かず** 数　　　　　　명 수

カズ

書類にある数と全然合っていません。

서류에 있는 수와 전혀 맞지 않습니다.

☑ **かせぐ** 稼ぐ　　　　동 돈을 벌다

カセグ

私の目標はお金を稼ぐことです。

내 목표는 돈을 버는 것입니다.

☑ **かぞえる** 数える　　　동 (수를) 세다

カゾエル

最初からもう一度数えてください。

처음부터 다시 한 번 세어 주세요.

☑ **かち** 勝ち　　　　　명 이김, 승리

カチ

この競技は相手チームの勝ちです。

이 경기는 상대 팀의 승리입니다.

☑ **かち** 価値　　　　　명 가치

カチ

この製品は値段ほどの価値がありません。

이 제품은 가격만큼의 가치가 없습니다.

☑ **がっかりする**　　　동 실망하다

각까리스루

予選で落ちて、選手たちががっかりしました。

예선에서 떨어져 선수들이 실망했습니다.

か

257

■ がっき 楽器   명 악기

각끼

気に入った楽器は高くて買えません。

마음에 든 악기는 비싸서 살 수 없습니다.

■ かつどう 活動   명 활동

카쯔도-

委員会ではどんな活動をしていますか。

위원회에서는 어떤 활동을 하고 있습니까?

■ かってだ 勝手だ   な형 제멋대로다, 버릇없다

캇떼다

一人で勝手に行ったり来たりしてはいけません。

혼자서 제멋대로 왔다 갔다 해서는 안 됩니다.

■ かてい 過程   명 과정

카떼-

次の過程は今よりもっと難しいです。

다음 과정은 지금보다 더욱 어렵습니다.

■ かなしむ 悲しむ   동 슬퍼하다

카나시무

悲しんでいる友達を慰めてあげました。

슬퍼하고 있는 친구를 위로해 주었습니다.

■ かなり   부 꽤, 상당히

카나리

このカメラは機能が多くて、かなり高いです。

이 카메라는 기능이 많아서 꽤 비쌉니다.

☑ **かのうだ** 可能だ　(な형) **가능하다**

카노-다

計画を実行するのは十分可能です。

계획을 실행하는 것은 충분히 가능합니다.

☑ **がまんする** 我慢する　(동) **참다, 견디다**

가만스루

どんなにつらくても、我慢するしかありません。

아무리 괴로워도 참을 수밖에 없습니다.

☑ **かみのけ** 髪の毛　(명) **머리카락**

카미노께

髪の毛が痛んで、短く切りました。

머리카락이 상해서 짧게 잘랐습니다.

☑ **かもく** 科目　(명) **과목**

카모꾸

高校生は習う科目がとても多いです。

고등학생은 배우는 과목이 매우 많습니다.

☑ **かわ** 皮・革　(명) **가죽, 껍질**

카와

その財布は牛の革で作ったものです。

그 지갑은 소가죽으로 만든 것입니다.

☑ **かわいがる**　(동) **귀여워하다**

카와이가루

おじいさんは私をかわいがってくれました。

할아버지는 나를 귀여워해 주었습니다.

か

259

☑ **かわいそうだ** 可哀想だ 〔な형〕 가엾다, 불쌍하다

카와이소ー다

親がいない子供たちは可哀想です。

부모가 없는 아이들은 불쌍합니다.

☑ **かんきょう** 環境 〔명〕 환경

캉꾜ー

環境に関する記事を読んでいます。

환경에 관한 기사를 읽고 있습니다.

☑ **かんしゃする** 感謝する 〔동〕 감사하다

칸샤스루

世話になった人に感謝しています。

신세를 진 사람에게 감사하고 있습니다.

☑ **かんじょう** 感情 〔명〕 감정

칸죠ー

ずっと前から悪い感情がありました。

훨씬 전부터 나쁜 감정이 있었습니다.

☑ **かんじる** 感じる 〔동〕 느끼다

칸지루

彼の態度を冷たく感じたことがあります。

그의 태도를 차갑게 느낀 적이 있습니다.

☑ **かんしん** 関心 〔명〕 관심

칸싱

私は経済については関心がありません。

나는 경제에 대해서는 관심이 없습니다.

☑ **かんせい** 完成　　　⬤ 완성

칸세-

作品の完成は来年になるでしょう。

작품의 완성은 내년이 될 것입니다.

☑ **かんぱい** 乾杯　　　⬤ 건배

캄빠이

とりあえず、乾杯をしてから飲みましょう。

우선, 건배를 하고 나서 마십시다.

☑ **かんばん** 看板　　　⬤ 간판

캄방

店の看板があちらこちらで増えています。

가게 간판이 여기저기에서 늘어나고 있습니다.

☑ **かんり** 管理　　　⬤ 관리

칸리

財産の管理は誰に任せましたか。

재산의 관리는 누구에게 맡겼습니까?

き

☑ **きおく** 記憶　　　⬤ 기억

키오꾸

彼とけんかをした記憶が浮かびました。

그와 싸움을 한 기억이 떠올랐습니다.

き

261

■ **きおん** 気温　　　(명) 기온

키옹

だんだん**気温**が下がって、寒くなりました。

점점 기온이 내려가서 추워졌습니다.

■ **きげん** 期限　　　(명) 기한

키겡

期限が残っているから、まだ使えます。

기한이 남아 있으니까 아직 사용할 수 있습니다.

■ **きじゅん** 基準　　　(명) 기준

키즁

社員を雇うときの**基準**は何ですか。

사원을 고용할 때의 기준은 무엇입니까?

■ **きず** 傷　　　(명) 상처, 흠

키즈

心の**傷**は治りにくいと思います。

마음의 상처는 낫기 힘들다고 생각합니다.

■ **きそ** 基礎　　　(명) 기초

키소

どんなことでも**基礎**から習うのがいいです。

어떤 것이라도 기초부터 배우는 것이 좋습니다.

■ **きたい** 期待　　　(명) 기대

키따이

期待をもらって、いい成績が出ました。

기대를 받아서 좋은 성적이 나왔습니다.

☑ **きちんと**　　　　(부) 제대로, 정확히

키찐또

正しい答えを**きちんと**チェックしてください。

올바른 답을 정확히 체크해 주세요.

☑ **きっかけ**　　　　(명) 계기

킥까께

けんかを**きっかけ**で、友達になりました。

싸움을 계기로 친구가 되었습니다.

☑ **きづく** 気付く　　　(동) 눈치 채다, 알아차리다

키즈꾸

彼の行動について**気付い**ていましたか。

그의 행동에 대해 눈치 채고 있었습니까?

☑ **きにいる** 気に入る　(동) 맘에 들다

키니이루

私は白いコートが**気に入ります**。

나는 하얀색 코트가 맘에 듭니다.

☑ **きぼう** 希望　　　　(명) 희망

키보-

うまくできるという**希望**を持ちなさい。

잘할 수 있다는 희망을 가지세요.

☑ **きゅうけい** 休憩　　(명) 휴게, 휴식

큐-께-

今から三十分くらい**休憩**をとります。

지금부터 30분 정도 휴식을 취하겠습니다.

き

☑ **きゅうに** 急に 　　(부) 갑자기

큐-니
急に頭が痛くて、病院に行きました。

갑자기 머리가 아파서 병원에 갔습니다.

☑ **きゅうりょう** 給料 　　(명) 급료, 월급

큐-료-
毎年少しずつ給料が上がっています。

매년 조금씩 월급이 오르고 있습니다.

☑ **きょうかしょ** 教科書 　　(명) 교과서

교-까쇼
先生が教科書の内容を説明します。

선생님이 교과서의 내용을 설명합니다.

☑ **きょうぎ** 競技 　　(명) 경기

교-기
競技の結果が出るまで待ってみましょう。

경기 결과가 나올 때까지 기다려 봅시다.

☑ **きょうし** 教師 　　(명) 교사

교-시
生徒たちに尊敬される教師になりたいです。

학생들에게 존경받는 교사가 되고 싶습니다.

☑ **きょうちょうする** 強調する 　　(동) 강조하다

교-쬬-스루
この文章で強調しているのは何ですか。

이 문장에서 강조하고 있는 것은 무엇입니까?

☑ **きょうりょくする** 協力する (동) 협력하다

쿄-료꾸스루

積極的に協力するつもりはありません。

적극적으로 협력할 생각은 없습니다.

☑ **きょか** 許可 (명) 허가

쿄까

まだ許可が出てこなくて進められません。

아직 허가가 나오지 않아서 진행할 수 없습니다.

☑ **きょり** 距離 (명) 거리

쿄리

しばらく距離を置いて離れていたいです。

한동안 거리를 두고 떨어져 있고 싶습니다.

☑ **きらう** 嫌う (동) 꺼리다, 싫어하다

키라우

運動を嫌う理由について知りたいです。

운동을 꺼리는 이유에 대해 알고 싶습니다.

☑ **きれる** 切れる (동) 잘리다, 끊기다

키레루

電気が切れて、部屋が真っ暗です。

전기가 끊겨서 방이 캄캄합니다.

☑ **きろくする** 記録する (동) 기록하다

키로꾸스루

会議に出た案件は記録しておきます。

회의에 나온 안건은 기록해 둡니다.

き

☑ **きんし** 禁止　　　　　　　（명）금지

킨시

公園の芝生に入るのは禁止です。

공원의 잔디밭에 들어가는 것은 금지입니다.

☑ **きんちょうする** 緊張する　　（동）긴장하다

킨쵸-스루

発表するときはいつも緊張します。

발표할 때는 항상 긴장합니다.

☑ **くさい** 臭い　　　　　　　（い형）냄새가 나다

쿠사이

生ごみがたまっていて、とても臭いです。

음식물 쓰레기가 쌓여 있어서 너무 냄새가 납니다.

☑ **くずす** 崩す　　　　　　（동）무너뜨리다, 망가뜨리다

쿠즈스

古いビルを崩して、新しく建てます。

오래된 빌딩을 무너뜨리고 새로 짓습니다.

☑ **くずれる** 崩れる　　　　（동）무너지다, 허물어지다

쿠즈레루

大雨が降って、山が崩れてしまいました。

많은 비가 내려서 산이 무너져 버렸습니다.

☑ **くせ** 癖　　　　　　　⑲ 버릇, 습관

쿠세

悪い癖は速く直してください。

나쁜 버릇은 빨리 고쳐 주세요.

☑ **くべつ** 区別　　　　　⑲ 구별

쿠베쯔

形だけで区別ができる人はいません。

모양만으로 구별이 가능한 사람은 없습니다.

☑ **くやしい** 悔しい　　　⑲형 분하다

쿠야시-

私より弱い人に負けて悔しいです。

나보다 약한 사람에게 패해서 분합니다.

☑ **くらす** 暮らす　　　　⑲ 생활하다

쿠라스

彼女と一緒に暮らすつもりです。

그녀와 함께 살 생각입니다.

☑ **くりかえす** 繰り返す　⑲ 반복하다

쿠리까에스

同じ文章を繰り返して聞きました。

똑같은 문장을 반복해서 들었습니다.

☑ **くるしい** 苦しい　　　⑲형 괴롭다

쿠루시-

頑張っても成績が落ちて苦しいです。

열심히 노력해도 성적이 떨어져서 괴롭습니다.

く

☑ **くるしむ** 苦しむ　　　　(동) **괴로워하다**

쿠루시무

誰にも言えなくて、苦しんでいます。

아무에게도 말할 수 없어서 괴로워하고 있습니다.

☑ **くるしめる** 苦しめる　　(동) **괴롭히다, 못살게 굴다**

쿠루시메루

難しい質問で学生を苦しめています。

어려운 질문으로 학생을 괴롭히고 있습니다.

☑ **くろう** 苦労　　　　(명) **고생**

쿠로-

わざと苦労をする必要はないと思います。

일부러 고생을 할 필요는 없다고 생각합니다.

☑ **くわえる** 加える　　　(동) **추가하다, 더하다**

쿠와에루

書類に加える資料はもうありませんか。

서류에 추가할 자료는 이제 없습니까?

け

☑ **けいさん** 計算　　　　(명) **계산**

케-상

計算を間違えたら、答えが出ません。

계산을 잘못했더니 답이 나오지 않습니다.

☑ **けいしき** 形式　　　⑲ 형식

케-시끼

きちんとした形式で書いた方がいいです。

제대로 된 형식으로 쓰는 편이 좋습니다.

☑ **けっか** 結果　　　⑲ 결과

켁까

私もいつ結果が出るのか、知りたいです。

나도 언제 결과가 나오는지 알고 싶습니다.

☑ **けっきょく** 結局　　　⑲ 결국, 끝내, 마침내

켁꾜꾸

二人は結局別れることにしたそうです。

두 사람은 결국 헤어지기로 했다고 합니다.

☑ **けっしん** 決心　　　⑲ 결심

켓씽

もう大学には入らない決心をしました。

이제 대학에는 들어가지 않을 결심을 했습니다.

☑ **けっせき** 欠席　　　⑲ 결석

켓쎄끼

三年間欠席をしたことがありません。

3년간 결석을 한 적이 없습니다.

☑ **げつまつ** 月末　　　⑲ 월말

게쯔마쯔

会社の給料は月末に入金されます。

회사의 월급은 월말에 입금됩니다.

け

269

☑ **けつろん** 結論　　　　　명 결론

케쯔롱

必ず今週まで結論を出してください。

반드시 이번 주까지 결론을 내 주세요.

☑ **けむり** 煙　　　　　명 연기

케무리

部屋の中がたばこの煙でいっぱいです。

방 안이 담배 연기로 가득 차 있습니다.

☑ **けんがく** 見学　　　　　명 견학

켕가꾸

今日は放送局に見学を行きました。

오늘은 방송국으로 견학을 갔습니다.

☑ **げんきん** 現金　　　　　명 현금

겡낑

カードがないなら、現金で払ってもいいです。

카드가 없으면, 현금으로 계산해도 됩니다.

☑ **げんしょう** 現象　　　　　명 현상

겐쇼-

この現象はどういう原因で起きましたか。

이 현상은 어떠한 원인으로 일어났습니까?

☑ **けんとうする** 検討する　　　　　동 검토하다

켄또-스루

報告書を検討してみたあとで話します。

보고서를 검토해 본 후에 이야기하겠습니다.

☑ **けんり** 権利　　　　⑱ 권리

켄리

権利を主張するのは当然なことです。

권리를 주장하는 것은 당연한 일입니다.

☑ **げんりょう** 原料　　　⑱ 원료

겐료–

アイスクリームの原料について知りたいです。

아이스크림의 원료에 대해 알고 싶습니다.

こ

☑ **こい** 濃い　　　　ⓘ형 진하다

코이

これよりもっと濃い色はありませんか。

이것보다 더 진한 색은 없습니까?

☑ **こうか** 効果　　　　⑱ 효과

코–까

薬を飲んでも、ほとんど効果がありません。

약을 먹어도 거의 효과가 없습니다.

☑ **ごうかくする** 合格する　⑧ 합격하다

고–까꾸스루

大学に合格したら、何がしたいですか。

대학에 합격하면 무엇을 하고 싶습니까?

こ

271

☑ **ごうかだ** 豪華だ　　　**な형** 호화롭다

고-까다

こんな豪華なパーティーは初めて見ました。

이런 호화로운 파티는 처음 보았습니다.

☑ **こうかんする** 交換する　　**동** 교환하다

코-깐스루

最近手紙を交換するのが流行です。

요즘 편지를 교환하는 것이 유행입니다.

☑ **こうぎ** 講義　　　**명** 강의

코-기

講義が始まる時間だから、急ぎましょう。

강의가 시작될 시간이니까 서두릅시다.

☑ **こうじ** 工事　　　**명** 공사

코-지

道路を広げる工事はいつ終わりますか。

도로를 넓히는 공사는 언제 끝납니까?

☑ **こうすい** 香水　　　**명** 향수

코-스이

外に出かけるときは香水をつけます。

바깥으로 외출할 때는 향수를 뿌립니다.

☑ **こうせいだ** 公正だ　　**な형** 공정하다

코-세-다

どうか公正な判断を降ろしてください。

아무쪼록 공정한 판단을 내려 주세요.

■ **こうせい** 構成　　　 명 구성

코-세-

教材の構成がちっとも気に入りません。

교재의 구성이 조금도 마음에 들지 않습니다.

■ **こうどう** 行動　　　 명 행동

코-도-

もう大人だから、行動に気をつけなさい。

이제 성인이니까 행동에 조심하세요.

■ **こうほ** 候補　　　 명 후보

코-호

選挙に出る候補は五人です。

선거에 나오는 후보는 5명입니다.

■ **こうもく** 項目　　　 명 항목

코-모꾸

すべての項目をテーマ別に分けました。

모든 항목을 테마별로 나누었습니다.

■ **こうりゅう** 交流　　　 명 교류

코-류-

もう少し積極的な交流がしたいです。

좀 더 적극적인 교류를 하고 싶습니다.

■ **こえる** 越える・超える　　　 동 넘다, 초월하다, 초과하다

코에루

とうとう耐えられる限界を越えました。

마침내 견딜 수 있는 한계를 초월했습니다.

こ

☑ こおり 氷　　　　　　（명）얼음

코-리

氷があるなら、カップに入れてください。

얼음이 있으면, 컵에 넣어 주세요.

☑ ごかい 誤解　　　　　　（명）오해

고까이

話を伝えるときに誤解がありました。

이야기를 전달할 때 오해가 있었습니다.

☑ ごがく 語学　　　　　　（명）어학

고가꾸

語学の勉強は毎日続けてください。

어학 공부는 매일 계속해 주세요.

☑ こくばん 黒板　　　　　　（명）칠판

코꾸방

黒板に難しい漢字を書いています。

칠판에 어려운 한자를 쓰고 있습니다.

☑ こくふくする 克服する　　　（동）극복하다

코꾸후꾸스루

あなたなら、克服することができます。

당신이라면 극복할 수 있습니다.

☑ こづかい 小遣い　　　　　（명）용돈

코즈까이

毎週月曜日に小遣いをもらっています。

매주 월요일에 용돈을 받고 있습니다.

■ **こっそり** (부) 살짝, 몰래

콧쏘리

遅刻をして、こっそり教室に入りました。

지각을 해서 몰래 교실에 들어갔습니다.

■ **こづつみ** 小包 (명) 소포

코즈쯔미

この小包は航空便で送ってください。

이 소포는 항공편으로 보내 주세요.

■ **ことわる** 断る (동) 거절하다

코또와루

どうして友だちの頼みを断りましたか。

어째서 친구의 부탁을 거절했습니까?

■ **ころす** 殺す (동) 죽이다

코로스

人を殺すことは絶対やってはいけません。

사람을 죽이는 짓은 절대 해서는 안 됩니다.

■ **ころぶ** 転ぶ (동) 넘어지다, 구르다

코로부

階段から転んで、腕が折れました。

계단에서 굴러 팔이 부러졌습니다.

■ **こんかい** 今回 (명) 이번

콩까이

今回の試験問題は誰が作りましたか。

이번 시험문제는 누가 만들었습니까?

こ

275

さ

☑ **さいこうだ** 最高だ　　な형 최고다, 제일이다

사이꼬ー다

彼女が作ったスパゲッティは最高です。

그녀가 만든 스파게티는 최고입니다.

☑ **ざいさん** 財産　　명 재산

자이상

あの人は相当な財産があるそうです。

저 사람은 상당한 재산이 있다고 합니다.

☑ **さいしゅう** 最終　　명 최종

사이슈ー

最終の面接はいつ頃行われますか。

최종 면접은 언제쯤 합니까?

☑ **さいのう** 才能　　명 재능

사이노ー

ピアノに特別な才能を持っています。

피아노에 특별한 재능을 가지고 있습니다.

☑ **さいばん** 裁判　　명 재판

사이방

合意できないなら、裁判にしましょう。

합의할 수 없다면, 재판으로 합시다.

☑ ざいりょう 材料　　(명) 재료

자이료-

<ruby>実<rt>じっ</rt></ruby><ruby>験<rt>けん</rt></ruby>に<ruby>使<rt>つか</rt></ruby>う<ruby>材<rt>ざい</rt></ruby><ruby>料<rt>りょう</rt></ruby>を<ruby>揃<rt>そろ</rt></ruby>えました。

실험에 사용할 재료를 갖추었습니다.

☑ さぎょう 作業　　(명) 작업

사교-

みんな<ruby>力<rt>ちから</rt></ruby>を<ruby>合<rt>あわ</rt></ruby>せて<ruby>作<rt>さ</rt></ruby><ruby>業<rt>ぎょう</rt></ruby>をしています。

모두 힘을 합쳐 작업을 하고 있습니다.

☑ さくひん 作品　　(명) 작품

사꾸힝

<ruby>作<rt>さく</rt></ruby><ruby>品<rt>ひん</rt></ruby>のタイトルはもう<ruby>決<rt>き</rt></ruby>まっています。

작품의 타이틀은 이미 정해져 있습니다.

☑ さけぶ 叫ぶ　　(동) 외치다, 소리치다

사께부

<ruby>教<rt>きょう</rt></ruby><ruby>室<rt>しつ</rt></ruby>の<ruby>中<rt>なか</rt></ruby>では<ruby>叫<rt>さけ</rt></ruby>ばないでください。

교실 안에서는 소리치지 말아 주세요.

☑ さける 避ける　　(동) 피하다

사께루

<ruby>庭<rt>にわ</rt></ruby>にいる<ruby>犬<rt>いぬ</rt></ruby>が<ruby>怖<rt>こわ</rt></ruby>くて<ruby>避<rt>さ</rt></ruby>けました。

마당에 있는 개가 무서워서 피했습니다.

☑ さすが　　(부) 과연, 정말

사스가

さすが<ruby>先<rt>せん</rt></ruby><ruby>生<rt>せい</rt></ruby>の<ruby>解<rt>かい</rt></ruby><ruby>説<rt>せつ</rt></ruby>は<ruby>素<rt>す</rt></ruby><ruby>晴<rt>ば</rt></ruby>らしいです。

과연 선생님의 해설은 훌륭합니다.

さ

■ ざせき 座席　　　（명）좌석

자세끼

いちばんおく ほう ざせき
一番奥の方に座席があります。

가장 구석 쪽에 좌석이 있습니다.

■ さそう 誘う　　　（동）권유하다, 꾀다, 불러내다

사소우

いっしょ　　　　　　　　　　　　　い　　　　　さそ
一緒にコンサートに行こうと誘いました。

같이 콘서트에 가자고 권유했습니다.

■ さっか 作家　　　（명）작가

삭까

しょうせつ さっか
この小説の作家はアメリカ人です。

이 소설의 작가는 미국인입니다.

■ さっそく 早速　　　（부）당장

삿쏘꾸

じかん　　　　　　　　　　　　さっそく　　　の
時間がないから、早速バスに乗りなさい。

시간이 없으니까 당장 버스에 타세요.

■ さべつする 差別　　　（동）차별하다

사베쯔스루

せんせい　　がくせい　　　　　さべつ
あの先生は学生たちを差別します。

저 선생님은 학생들을 차별합니다.

■ さまざまだ 様々だ　　　（な형）여러 가지다, 가지각색이다

사마자마다

ていえん　　さまざま　はな　さ
庭園に様々な花が咲いています。

정원에 가지각색의 꽃이 피어 있습니다.

278

■ **さます** 冷ます　　　⑧ 식히다, 차갑게 하다

사마스

熱くて食べられないから、冷ましてください。

뜨거워서 먹을 수 없으니까 식혀 주세요.

■ **さます** 覚ます　　　⑧ 눈을 뜨다, (잠을) 깨우다

사마스

うるさい音が聞こえて、目を覚ましました。

시끄러운 소리가 들려서 눈을 떴습니다.

■ **さめる** 冷める　　　⑧ 식다, 차가워지다

사메루

冷めてしまった味噌汁を温めました。

식어 버린 된장국을 데웠습니다.

■ **さめる** 覚める　　　⑧ 눈이 떠지다, (잠이) 깨다

사메루

夜中に目が覚めて、テレビを見ました。

밤중에 잠이 깨서 텔레비전을 보았습니다.

■ **さわぎ** 騒ぎ　　　⑲ 소동, 소란

사와기

騒ぎを起こした人について知っています。

소란을 일으킨 사람에 대해 알고 있습니다.

■ **さわやかだ** 爽やかだ　　　な형 상쾌하다

사와야까다

もうすぐ爽やかな風が吹いてきます。

이제 곧 상쾌한 바람이 불어옵니다.

さ

279

☑ さんかする 参加する ⑤ 참가하다

상까스루

大会に参加するために申し込みました。

대회에 참가하기 위하여 신청했습니다.

☑ さんすう 算数 ⑱ 산수

산스－

算数が苦手で、試験の点数も低いです。

산수를 잘 못해서, 시험 점수도 낮습니다.

☑ さんせいする 賛成する ⑤ 찬성하다

산세－스루

初めからその意見に賛成していました。

처음부터 그 의견에 찬성하고 있었습니다.

し

☑ しあさって ⑱ 모레

시아삿떼

今月の出張はしあさってから行きます。

이번 달 출장은 모레부터 갑니다.

☑ しあわせだ 幸せだ ⑱ 행복하다

시아와세다

家族と過ごすときがいちばん幸せです。

가족과 지낼 때가 가장 행복합니다.

☑ **じき** 時期　　　　　　명 시기

지끼

時期によって、値段が上がる時もあります。

시기에 따라 가격이 오를 때도 있습니다.

☑ **じけん** 事件　　　　　　명 사건

지껭

誰が事件の現場を見にいきましたか。

누가 사건의 현장을 보러 갔습니까?

☑ **じこく** 時刻　　　　　　명 시각

지꼬꾸

列車が到着する時刻になりました。

열차가 도착할 시각이 되었습니다.

☑ **しじ** 指示　　　　　　명 지시

시지

これは部長の指示による処理です。

이것은 부장님의 지시에 의한 처리입니다.

☑ **じじつ** 事実　　　　　　명 사실

지지쯔

事実を知っている人は誰もいません。

사실을 알고 있는 사람은 아무도 없습니다.

☑ **じじょう** 事情　　　　　　명 사정

지죠-

事情を聞く前には決定できません。

사정을 듣기 전에는 결정할 수 없습니다.

し

281

☑ **じしん** 自信　　　　　**명** 자신

지싱

何度_{なんど}も失敗_{しっぱい}をして、自信_{じしん}がありません。

몇 번이고 실패를 해서 자신이 없습니다.

☑ **しぜん** 自然　　　　　**명** 자연

시젱

公害_{こうがい}のせいで、自然_{しぜん}が破壊_{はかい}されています。

공해 때문에 자연이 파괴되고 있습니다.

☑ **したがう** 従う　　　　**동** 따르다, 복종하다

시따가우

会社_{かいしゃ}では上司_{じょうし}に従_{したが}っています。

회사에서는 상사에게 복종하고 있습니다.

☑ **したしい** 親しい　　　　**い형** 친하다, 친근하다

시따시ー

彼女_{かのじょ}とは親_{した}しい関係_{かんけい}ではありません。

그녀와는 친근한 관계가 아닙니다.

☑ **しつ** 質　　　　　**명** 질

시쯔

実際_{じっさい}に見_みたら、あまり質_{しつ}がよくありません。

실제로 보았더니, 별로 질이 좋지 않습니다.

☑ **しつど** 湿度　　　　**명** 습도

시쯔도

梅雨_{つゆ}が始_{はじ}まると、湿度_{しつど}が高_{たか}くなります。

장마가 시작되면 습도가 높아집니다.

☑ じつに 実に　　　　　(부) 실로, 참으로

지쯔니

実に彼はわがままな行動をしています。

참으로 그는 이기적인 행동을 하고 있습니다.

☑ じつは 実は　　　　　(부) 실은, 사실은

지쯔와

実は、彼がすべてのことを計画しました。

사실은, 그가 모든 일을 계획했습니다.

☑ じつりょく 実力　　　　(명) 실력

지쯔료꾸

あなたの実力は私の予想どおりです。

당신의 실력은 내 예상대로입니다.

☑ しどう 指導　　　　　(명) 지도

시도-

指導を受けながら、練習しています。

지도를 받으면서 연습하고 있습니다.

☑ しばい 芝居　　　　　(명) 연극

시바이

一緒に芝居でも見に行きましょうか。

함께 연극이라도 보러 갈래요?

☑ しはらう 支払う　　　　(동) 돈을 내다, 지불하다

시하라우

さっき男の方が全部支払いました。

아까 남자 분이 전부 지불했습니다.

し

☑ **じみだ** 地味だ　　　　　な형 차분하다, 수수하다

지미다

あの人は地味な服ばかり着ています。

저 사람은 수수한 옷만 입고 있습니다.

☑ **しめきり** 締切　　　　　명 마감, 마감일

시메끼리

レポートの締切までは三日残っています。

리포트의 마감일까지는 3일 남아 있습니다.

☑ **しめす** 示す　　　　　동 나타내다

시메스

グラフが示しているのが理解できますか。

그래프가 나타내고 있는 것이 이해됩니까?

☑ **しめる** 占める　　　　　동 차지하다

시메루

アメリカからの輸入は三割を占めます。

미국으로부터의 수입은 3할(30%)을 차지합니다.

☑ **しゅうきょう** 宗教　　　　　명 종교

슈-꾜-

宗教について深く考えています。

종교에 대해 깊이 생각하고 있습니다.

☑ **しゅうごうする** 集合する　　　　　동 집합하다

슈-고-스루

午前九時まで集合してください。

오전 9시까지 집합해 주세요.

☑ **しゅうしょく** 就職　　명 취직

슈ー쇼꾸

まだ就職が決まらなくて不安です。

아직 취직이 결정되지 않아서 불안합니다.

☑ **じゅうたいする** 渋滞する　　동 정체되다, 막히다

쥬ー따이스루

交通事故が起こって渋滞しています。

교통사고가 일어나서 정체되고 있습니다.

☑ **じゅうだいだ** 重大だ　　な형 중대하다

쥬ー다이다

重大な件があって、会議を開きました。

중대한 건이 있어서 회의를 열었습니다.

☑ **しゅうちゅうする** 集中する　　동 집중하다

슈ー쮸ー스루

授業のときはみんな集中してください。

수업할 때는 모두 집중해 주세요.

☑ **じゅうようだ** 重要だ　　な형 중요하다

쥬ー요ー다

まだ重要な仕事が残っているようです。

아직 중요한 일이 남아 있는 것 같습니다.

☑ **しゅうり** 修理　　명 수리

슈ー리

自転車がおかしくて、修理に出しました。

자전거가 이상해서 수리를 맡겼습니다.

し

☑ **しゅうりょうする** 終了する ⑤ 종료하다

슈-료-스루

十五分が経てば、試合が終了します。

15분이 지나면 시합이 종료됩니다.

☑ **しゅくはく** 宿泊 ⑲ 숙박

슈꾸하꾸

宿泊はホテルで一泊泊まるつもりです。

숙박은 호텔에서 하룻밤 묵을 생각입니다.

☑ **しゅじゅつ** 手術 ⑲ 수술

슈쥬쯔

手術が無事に終わって安心しました。

수술이 무사히 끝나서 안심했습니다.

☑ **しゅだん** 手段 ⑲ 수단

슈당

あらゆる手段を使って、説得してください。

모든 수단을 써서 설득해 주세요.

☑ **しゅちょう** 主張 ⑲ 주장

슈쬬-

その主張はどうしても理解ができません。

그 주장은 도저히 이해가 안 됩니다.

☑ **しゅっちょう** 出張 ⑲ 출장

슛쬬-

毎月一回は出張を行っています。

매월 한 번은 출장을 가고 있습니다.

☑ **しゅふ** 主婦　　　（명）주부

슈후

主婦は家事と育児で忙しいです。

주부는 가사와 육아로 바쁩니다.

☑ **しゅるい** 種類　　　（명）종류

슈루이

店に商品の種類が多いです。

상점에 상품의 종류가 많습니다.

☑ **じゅんちょうだ** 順調だ　　（な형）순조롭다

쥰쬬-다

仕事は順調に進んでいますか。

일은 순조롭게 진행되고 있습니까?

☑ **じょうきょう** 状況　　　（명）상황

죠-꾜-

今の状況については何も知りません。

지금 상황에 대해서는 아무것도 모릅니다.

☑ **じょうけん** 条件　　　（명）조건

죠-껭

こんな条件では取引をすることができません。

이런 조건으로는 거래를 할 수가 없습니다.

☑ **じょうしき** 常識　　　（명）상식

죠-시끼

あなたの行動は常識に外れたことです。

당신의 행동은 상식에서 벗어난 것입니다.

し

287

☑ しょうじきだ 正直だ 〔な形〕 정직하다

쇼-지끼다

彼は正直な人だから、嘘はつきません。

그는 정직한 사람이라서 거짓말은 하지 않습니다.

☑ しょうしょう 少々 〔부〕 약간, 조금, 잠시

쇼-쇼-

すぐ戻ってきますので、少々お待ちください。

곧 돌아오겠으니, 잠시 기다려 주십시오.

☑ しょうじょう 症状 〔명〕 증상

쇼-죠-

私の症状について説明してください。

내 증상에 대해 설명해 주세요.

☑ じょうたい 状態 〔명〕 상태

죠-따이

この状態で出かけるのはとても無理です。

이 상태로 외출하는 것은 매우 무리입니다.

☑ じょうだん 冗談 〔명〕 농담

죠-당

よく冗談をする人は信じられません。

자주 농담을 하는 사람은 믿을 수 없습니다.

☑ しょうぶ 勝負 〔명〕 승부

쇼-부

今度の対決で勝負をつけます。

이번 대결에서 승부를 내겠습니다.

☑ **じょうほう** 情報 　명 정보

죠-호-

新しい情報を手に入れました。

새로운 정보를 손에 넣었습니다.

☑ **しょうめいする** 証明する 　동 증명하다

쇼-메-스루

話が本当だということを証明します。

이야기가 사실이라는 것을 증명하겠습니다.

☑ **しょうめん** 正面 　명 정면

쇼-멩

これからは正面に向かって対抗します。

앞으로는 정면을 향해 대항하겠습니다.

☑ **しょくぎょう** 職業 　명 직업

쇼꾸교-

将来、どんな職業に勤めたいですか。

장래에 어떤 직업에 종사하고 싶습니까?

☑ **しょくたく** 食卓 　명 식탁

쇼꾸따꾸

食卓にご飯とおかずが出ています。

식탁에 밥과 반찬이 나와 있습니다.

☑ **しょてん** 書店 　명 서점

쇼뗑

近くに書店がなくて、とても不便です。

근처에 서점이 없어서 매우 불편합니다.

し

289

☑ **しょりする** 処理する ⟨동⟩ 처리하다

쇼리스루

仕事を処理する速度が速いです。

일을 처리하는 속도가 빠릅니다.

☑ **しょるい** 書類 ⟨명⟩ 서류

쇼루이

こんな下らない書類は初めて見ます。

이런 형편없는 서류는 처음 봅니다.

☑ **しりあい** 知り合い ⟨명⟩ 아는 사람, 지인

시리아이

知り合いの中に弁護士はいません。

아는 사람 중에 변호사는 없습니다.

☑ **しりょう** 資料 ⟨명⟩ 자료

시료-

論文を書くために資料を集めます。

논문을 쓰기 위해 자료를 모읍니다.

☑ **しるし** 印 ⟨명⟩ 표시

시루시

読むところに印をつけておきました。

읽을 곳에 표시를 붙여 두었습니다.

☑ **しんけんだ** 真剣だ ⟨な형⟩ 신중하다

싱껜다

その提案を真剣に考えてみます。

그 제안을 신중하게 생각해 보겠습니다.

☑ しんごう 信号　　(명) 신호

싱고-

信号が青に変わって渡りました。
しんごう あお か わた

신호가 파란불로 바뀌어 건너갔습니다.

☑ しんこくだ 深刻だ　　(な형) 심각하다

싱꼬꾸다

会社に深刻な問題があるようです。
かいしゃ しんこく もんだい

회사에 심각한 문제가 있는 것 같습니다.

☑ しんさつ 診察　　(명) 진찰

신사쯔

病院に行って診察をもらってみなさい。
びょういん い しんさつ

병원에 가서 진찰을 받아 보세요.

☑ しんじる 信じる　　(동) 믿다

신지루

彼女はうそをつかないから、その話も信じます。
かのじょ はなし しん

그녀는 거짓말을 하지 않으니까, 그 이야기도 믿습니다.

☑ じんせい 人生　　(명) 인생

진세-

私の人生について、あれこれ言っています。
わたし じんせい い

내 인생에 대해 이것저것 말하고 있습니다.

☑ しんせき 親戚　　(명) 친척

신세끼

夏休みには親戚のうちに行きます。
なつやす しんせき い

여름방학에는 친척 집에 갑니다.

し

291

■ **しんせんだ** 新鮮だ　　な形 신선하다

신센다

新鮮な野菜は体にいいと知られています。

신선한 야채는 몸에 좋다고 알려져 있습니다.

■ **すいじゅん** 水準　　명 수준

스이즁

彼とは生活の水準が違います。

그와는 생활의 수준이 다릅니다.

■ **すうじ** 数字　　명 숫자

스-지

数字を分かりやすく書いてください。

숫자를 알아보기 쉽게 써 주세요.

■ **すこしも** 少しも　　부 조금도

스꼬시모

怪我した腕が少しも痛くありません。

상처 입은 팔이 조금도 아프지 않습니다.

■ **すごす** 過ごす　　동 지내다, 보내다

스고스

年をとったら、田舎で過ごすつもりです。

나이를 먹으면 시골에서 지낼 생각입니다.

☑ **すすめる** 進める   (동) 나아가게 하다, 진행시키다

스스메루

みんな反対しても、最後まで進めます。

모두 반대해도 끝까지 진행시키겠습니다.

☑ **すすめる** 勧める   (동) 권하다, 추천하다

스스메루

店の店員がこの製品を勧めました。

가게의 점원이 이 제품을 추천했습니다.

☑ **すっぱい** 酸っぱい   (い형) 맛이 시다

습빠이

私は酸っぱい果物がいちばん好きです。

나는 맛이 신 과일을 가장 좋아합니다.

☑ **すてきだ** 素敵だ   (な형) 멋지다, 근사하다

스떼끼다

デパートで素敵なサングラスを買いました。

백화점에서 멋진 선글라스를 샀습니다.

☑ **すでに** 既に   (부) 이미, 벌써

스데니

彼とは既に別れたから、連絡もしません。

그와는 이미 헤어졌기 때문에, 연락도 하지 않습니다.

☑ **すてる** 捨てる   (동) 버리다

스떼루

まだ十分使えるのに、なぜ捨てますか。

아직 충분히 쓸 수 있는데, 왜 버립니까?

す

- ☑ **すなおだ** 素直だ   な형 솔직하다, 순수하다

  스나오다

  素直にミスを認めるなら、許します。

  솔직하게 실수를 인정한다면 용서하겠습니다.

- ☑ **すべて** 全て   명 전부, 모든 것

  스베떼

  全ての過失を私のせいにしています。

  모든 과실을 내 탓으로 하고 있습니다.

- ☑ **すませる** 済ませる   동 끝내다

  스마세루

  この仕事を済ませたあとは何をしますか。

  이 일을 끝낸 후에는 무엇을 합니까?

- ☑ **するどい** 鋭い   い형 예리하다, 날카롭다

  스루도이

  包丁は鋭いから、注意してください。

  부엌 칼은 날카로우니까 주의해 주세요.

せ

- ☑ **せいかく** 性格   명 성격

  세ー까꾸

  性格がよくて、友達もたくさんいます。

  성격이 좋아서 친구도 많이 있습니다.

■ **せいかくだ** 正確だ 　(な형) 정확하다

세-까꾸다

毎日正確な時間に来ます。

매일 정확한 시간에 옵니다.

■ **せいこうする** 成功する 　(동) 성공하다

세-꼬-스루

長年の研究がやっと成功しました。

오랫동안 해 온 연구가 드디어 성공했습니다.

■ **せいさくする** 製作する 　(동) 제작하다

세-사꾸스루

製作している部品はどこに入りますか。

제작하고 있는 부품은 어디에 들어갑니까?

■ **せいせき** 成績 　(명) 성적

세-세끼

この成績では大学に入れません。

이 성적으로는 대학에 들어갈 수 없습니다.

■ **ぜいたくだ** 贅沢だ 　(な형) 사치스럽다

제-따꾸다

あの人はお金持ちだから、とても贅沢です。

저 사람은 부자라서 매우 사치스럽습니다.

■ **せいど** 制度 　(명) 제도

세-도

少し制度を整える必要があります。

약간 제도를 정비할 필요가 있습니다.

せ

☑ **せいめい** 生命　　☒ 명 생명

세-메-

生きているものにとって、生命は大切です。

살아있는 것에게 있어 생명은 소중합니다.

☑ **せいり** 整理　　☒ 명 정리

세-리

書類の整理は半分くらいできました。

서류 정리는 절반 정도 되었습니다.

☑ **せおう** 背負う　　☒ 동 (등에) 매다, 지다

세오우

背中にかばんを背負って歩きます。

등에 가방을 매고 걷습니다.

☑ **せきにん** 責任　　☒ 명 책임

세끼닝

その件については私が責任をとります。

그 건에 대해서는 제가 책임을 지겠습니다.

☑ **せっかく**　　☒ 부 모처럼

섹까꾸

せっかく早く帰ってきたのに、誰もいません。

모처럼 일찍 집에 돌아왔는데 아무도 없습니다.

☑ **せっけい** 設計　　☒ 명 설계

섹께-

この建物の設計を依頼したいです。

이 건물의 설계를 의뢰하고 싶습니다.

☑ **ぜったい(に)** 絶対(に) 🐤 절대로

젯따이(니)

この企画は絶対に不可能です。

이 기획은 절대로 불가능합니다.

☑ **せめる** 責める 🐂 공격하다, 질책하다

세메루

なぜすべての間違いを私に責めますか。

왜 모든 잘못을 나에게 질책합니까?

☑ **ぜんいん** 全員 🐂 전원

젱잉

今から全員会議室に集まってください。

지금부터 전원 회의실에 모여 주세요.

☑ **せんじつ** 先日 🐂 전날, 요전

센지쯔

先日は約束をキャンセルしてすみません。

요전에는 약속을 취소해서 죄송합니다.

☑ **せんしゅ** 選手 🐂 선수

센슈

あそこにいる選手が去年優勝した人です。

저기 있는 선수가 작년에 우승한 사람입니다.

☑ **せんたくする** 選択する 🐂 선택하다

센따꾸스루

あなたはこの中でどれを選択しますか。

당신은 이 중에서 어느 것을 선택하겠습니까?

せ

☑ せんぷうき　扇風機　　圏 선풍기

셈뿌−끼

扇風機を回しても、涼しくなりません。

선풍기를 돌려도 시원해지지 않습니다.

☑ ぜんりょく　全力　　圏 전력

젠료꾸

もう一回全力を出して走ります。

다시 한번 전력을 다해 달리겠습니다.

☑ せんろ　線路　　圏 선로

센로

線路から離れているのが安全です。

선로에서 떨어져 있는 것이 안전합니다.

☑ そういえば　　쩝 그러고 보니

소−이에바

そういえば、まだ宿題を済ませませんでした。

그러고 보니, 아직 숙제를 끝내지 않았습니다.

☑ ぞうかする　増加する　　됨 증가하다

조−까스루

去年に比べて、相当増加しました。

작년에 비해 상당히 증가했습니다.

■ **そうこ** 倉庫　　　　　⑲ 창고

소-꼬

<ruby>倉庫<rt>そう こ</rt></ruby>にはまだ<ruby>在庫<rt>ざい こ</rt></ruby>が<ruby>残<rt>のこ</rt></ruby>っています。

창고에는 아직 재고가 남아 있습니다.

■ **そうさ** 操作　　　　　⑲ 조작

소-사

<ruby>機械<rt>き かい</rt></ruby>の<ruby>操作<rt>そう さ</rt></ruby>が<ruby>下手<rt>へ た</rt></ruby>で<ruby>恥<rt>は</rt></ruby>ずかしいです。

기계의 조작이 서툴러서 창피합니다.

■ **そうぞうする** 想像する　　　⑧ 상상하다

소-조-스루

そのことを<ruby>想像<rt>そうぞう</rt></ruby>すると、<ruby>胸<rt>むね</rt></ruby>がどきどきします。

그 일을 상상하면 가슴이 두근거립니다.

■ **そうち** 装置　　　　　⑲ 장치

소-찌

<ruby>地下<rt>ち か</rt></ruby>には<ruby>色々<rt>いろいろ</rt></ruby>な<ruby>装置<rt>そう ち</rt></ruby>が<ruby>設置<rt>せっ ち</rt></ruby>されています。

지하에는 여러 가지 장치가 설치되어 있습니다.

■ **そうとう** 相当　　　　　⑨ 상당히

소-또-

<ruby>予選<rt>よ せん</rt></ruby>で<ruby>相当<rt>そうとう</rt></ruby><ruby>強<rt>つよ</rt></ruby>い<ruby>相手<rt>あい て</rt></ruby>と<ruby>対決<rt>たいけつ</rt></ruby>します。

예선에서 상당히 강한 상대와 대결합니다.

■ **そくたつ** 速達　　　　　⑲ 속달

소꾸따쯔

<ruby>郵便局<rt>ゆうびんきょく</rt></ruby>に<ruby>行<rt>い</rt></ruby>って、<ruby>速達<rt>そくたつ</rt></ruby>で<ruby>送<rt>おく</rt></ruby>りました。

우체국에 가서 속달로 보냈습니다.

そ

299

■ そくど 速度　　　명 속도

소꾸도

<u>速度</u>を測ったら、とても速かったです。

속도를 측정했더니 매우 빨랐습니다.

■ そこで　　　접 그래서, 그러면

소꼬데

とても疲れました。<u>そこで</u>、早く帰りました。

너무 피곤합니다. 그래서, 일찍 집에 왔습니다.

■ そしき 組織　　　명 조직

소시끼

ここ以外にほかの<u>組織</u>にも属しています。

여기 이외에 다른 조직에도 속해 있습니다.

■ そして　　　접 그리고

소시떼

雨がやみました。<u>そして</u>、日が差してきました。

비가 그쳤습니다. 그리고, 해가 나왔습니다.

■ そだつ 育つ　　　동 자라다

소다쯔

私は豊かで暖かい家庭で<u>育ちました</u>。

저는 풍족하고 따뜻한 가정에서 자랐습니다.

■ そっと　　　부 살짝, 살며시

숏또

彼女の肩に<u>そっと</u>手をのせました。

그녀의 어깨에 살며시 손을 올렸습니다.

■ **そのうち** その内 　　접 조만간에, 일간에

소노우찌

その内、彼の考えも変わるでしょう。

조만간에 그의 생각도 바뀔 것입니다.

■ **そのころ** その頃 　　접 그 때, 그 무렵

소노꼬로

その頃は友達と遅くまで遊びました。

그 무렵에는 친구와 늦게까지 놀았습니다.

■ **そのまま** 　　부 그대로

소노마마

彼から聞いたことをそのまま話しました。

그에게서 들은 말을 그대로 말했습니다.

■ **それでも** 　　접 그래도

소레데모

彼は嘘つきです。それでも、彼を憎みません。

그는 거짓말쟁이입니다. 그래도, 그를 미워하지 않습니다.

■ **それとも** 　　접 그렇지 않으면, 아니면

소레또모

ビールを飲みますか、それとも焼酎を飲みますか。

맥주를 마시겠습니까, 아니면 소주를 마시겠습니까?

■ **それなら** 　　접 그렇다면

소레나라

それなら、どんな方法で処理するつもりですか。

그렇다면, 어떤 방법으로 처리할 작정입니까?

そ

☑ そろう 揺う   동 갖추어지다

소로우

資料が揺ったときに見せてください。

자료가 다 갖추어졌을 때 보여 주세요.

☑ そろえる 揺える   동 갖추다

소로에루

書類を揺えるには時間がかかります。

서류를 다 갖추려면 시간이 걸립니다.

☑ そんがい 損害   명 손해

송가이

台風による損害は大きかったです。

태풍에 의한 피해는 컸습니다.

☑ そんけいする 尊敬する   동 존경하다

송께ー스루

学生たちはその先生を尊敬します。

학생들은 그 선생님을 존경합니다.

☑ そんざい 存在   명 존재

손자이

まだ私の存在について気づいていません。

아직 내 존재에 대해 눈치 채고 있지 않습니다.

☑ **たいいく** 体育　　　명 체육

타이이꾸

^{か もく}　^{なか}　　　^{たいいく}
科目の中で体育がいちばんいいです。

과목 중에서 체육이 가장 좋습니다.

☑ **たいおん** 体温　　　명 체온

타이옹

^{いってい}　^{おん ど}　　^{たいおん}　　^{い じ}
一定な温度で体温を維持しています。

일정한 온도로 체온을 유지하고 있습니다.

☑ **たいかい** 大会　　　명 대회

타이까이

^{たいかい}　　^で　^{せんしゅ}　^{えら}
大会に出る選手を選ぼうとします。

대회에 나갈 선수를 선발하려고 합니다.

☑ **だいがくいん** 大学院　　　명 대학원

다이가꾸잉

^{だいがくいん}　　^{なに}　^{べんきょう}
大学院では何を勉強しましたか。

대학원에서는 무엇을 공부했습니까?

☑ **たいくつだ** 退屈だ　　　な형 지루하다

타이꾸쯔다

^{えい が}　　^{たいくつ}　　^ね
映画が退屈で、寝てしまいました。

영화가 지루해서 잠을 자고 말았습니다.

た

303

☑ たいじゅう 体重　　명 체중, 몸무게

타이쥬-

体重を五キロくらい減らしたいです。

몸무게를 5kg 정도 줄이고 싶습니다.

☑ たいする 対する　　동 대하다

타이스루

親に対する態度がとても無礼です。

부모님에 대한 태도가 너무 무례합니다.

☑ たいど 態度　　명 태도

타이도

なぜ冷たい態度をとっていますか。

왜 쌀쌀맞은 태도를 취하고 있습니까?

☑ たいほする 逮捕する　　동 체포하다

타이호스루

ついに刑事たちが犯人を逮捕しました。

마침내 형사들이 범인을 체포했습니다.

☑ たいよう 太陽　　명 태양

타이요-

太陽は東から出て、西に沈みます。

태양은 동쪽에서 떠올라 서쪽으로 집니다.

☑ たおす 倒す　　동 쓰러뜨리다, 넘어뜨리다

타오스

彼は相手を軽く倒して勝ちました。

그는 상대방을 가볍게 쓰러뜨리고 이겼습니다.

☑ **たしかめる** 確かめる　　동 확인하다

타시까메루

最後にもう一度確かめてみます。

마지막으로 한 번 더 확인해 보겠습니다.

☑ **たすける** 助ける　　동 돕다, 구하다

타스께루

困っている人を助けたことがありますか。

곤란에 처한 사람을 도운 적이 있습니까?

☑ **たたく** 叩く　　동 두드리다, 때리다

타따꾸

ノックするときは手で軽く叩きます。

노크할 때는 손으로 가볍게 두드립니다.

☑ **たちば** 立場　　명 입장

타찌바

私がその立場なら、そうはしませんでした。

내가 그 입장이라면, 그렇게는 하지 않았습니다.

☑ **たつ** 発つ　　동 출발하다

타쯔

あしたは朝七時に発つ予定です。

내일은 아침 7시에 출발할 예정입니다.

☑ **たにん** 他人　　명 타인, 남

타닝

他人のかばんを勝手に開けてはいけません。

타인의 가방을 마음대로 열어서는 안 됩니다.

た

☑ **だます** 騙す　　　(동) 속이다

다마스

いつも嘘をついて、人を騙しています。

항상 거짓말을 하여 사람을 속이고 있습니다.

☑ **たのみ** 頼み　　　(명) 부탁

타노미

頼みがあるから、今夜会ってください。

부탁이 있으니까, 오늘 밤 만나 주세요.

☑ **たびたび**　　　(부) 자주, 빈번히

타비따비

先輩とはたびたびお酒を飲みに行きます。

선배와는 자주 술을 마시러 갑니다.

☑ **たまたま**　　　(부) 가끔

타마따마

たまたま図書館で彼を見掛けます。

가끔 도서관에서 그를 보게 됩니다.

☑ **だまる** 黙る　　　(동) 침묵하다, 입을 다물다

다마루

特に言いたいことがなくて黙っています。

특별히 하고 싶은 말이 없어서 입을 다물고 있습니다.

☑ **ためる** 貯める　　　(동) 모으다, 저축하다

타메루

毎月五万円ずつ貯めています。

매월 50,000엔씩 저축하고 있습니다.

☑ **たよる** 頼る   동 의지하다

타요루

苦しいことがあっても、人に頼りません。

괴로운 일이 있어도 남에게 의지하지 않습니다.

☑ **だんかい** 段階   명 단계

당까이

この段階で諦めるのはもったいないです。

이 단계에서 포기하는 것은 아깝습니다.

☑ **たんじゅんだ** 単純だ   な형 단순하다

탄쥰다

ちょっと単純に考えてみたらどうですか。

조금 단순하게 생각해 보면 어떻습니까?

☑ **たんしょ** 短所   명 단점

탄쇼

短所を直そうと努力しています。

단점을 고치려고 노력하고 있습니다.

☑ **だんたい** 団体   명 단체

단따이

あしたは団体で博物館に行きます。

내일은 단체로 박물관에 갑니다.

☑ **たんとうする** 担当する   동 담당하다

탄또-스루

彼が担当している業務はこれです。

그가 담당하고 있는 업무는 이것입니다.

307

ち

☑ **ちいき** 地域　　　　명 지역

치이끼

この地域でいちばん有名な場所です。

이 지역에서 가장 유명한 장소입니다.

☑ **ちか** 地下　　　　명 지하

치까

地下には広い駐車場があります。

지하에는 넓은 주차장이 있습니다.

☑ **ちがい** 違い　　　　명 차이

치가이

この二つの製品には違いがありません。

이 두 개의 제품에는 차이가 없습니다.

☑ **ちかう** 誓う　　　　동 맹세하다, 서약하다

치까우

この前みんなの前で固く誓いました。

요전에 모든 사람 앞에서 굳게 맹세했습니다.

☑ **ちかづく** 近付く　　　　동 다가오다, 접근하다

치까즈꾸

また近付くなら、そのときは警察を呼びます。

또 접근한다면, 그 때는 경찰을 부르겠습니다.

☑ **ちきゅう** 地球 　　　（명）지구

치뀨-

地球の温暖化が深刻になりました。

지구의 온난화가 심각해졌습니다.

☑ **ちこく** 遅刻 　　　（명）지각

치꼬꾸

今月は一度も遅刻をしませんでした。

이번 달은 한 번도 지각을 하지 않았습니다.

☑ **ちほう** 地方 　　　（명）지방

치호-

地方の物価は都会より低いです。

지방의 물가는 도시보다 낮습니다.

☑ **ちゃんと** 　　　（부）제대로, 틀림없이, 꼼꼼히

챤또

これからはちゃんと真面目に働いてください。

앞으로는 제대로 성실하게 일해 주세요.

☑ **ちゅうこ** 中古 　　　（명）중고

츄-꼬

中古で買った車なのに、とてもきれいです。

중고로 산 자동차인데, 무척 깨끗합니다.

☑ **ちゅうしん** 中心 　　　（명）중심

츄-싱

家が町の中心にあった方が便利です。

집이 동네 중심에 있는 편이 편리합니다.

ち

☑ **ちゅうもん** 注文　　(명) 주문

츄-몽

まだ<u>注文</u>した<u>料理</u>が<u>出</u>てきません。

아직 주문한 요리가 나오지 않습니다.

☑ **ちょうさ** 調査　　(명) 조사

쵸-사

<u>事件</u>の<u>調査</u>を<u>始</u>めようとします。

사건의 조사를 시작하려고 합니다.

☑ **ちょうしょ** 長所　　(명) 장점

쵸-쇼

<u>長所</u>は<u>生</u>かして、<u>短所</u>は<u>直</u>します。

장점은 살리고 단점은 고치겠습니다.

☑ **ちょうじょう** 頂上　　(명) 정상

쵸-죠-

<u>山</u>の<u>頂上</u>まで<u>登</u>ったことがありません。

산 정상까지 올라간 적이 없습니다.

☑ **ちょきん** 貯金　　(명) 저금, 저축

쵸낑

<u>お金</u>の<u>余裕</u>がなくて、<u>貯金</u>もできません。

돈의 여유가 없어서 저축도 할 수 없습니다.

☑ **ちょくせつ** 直接　　(부) 직접

촉쎄쯔

これは<u>本人</u>に<u>直接渡</u>してください。

이것은 본인에게 직접 전달해 주세요.

つ

☑ **ちらかす** 散らかす　(동) 어지럽히다

치라까스

部屋を散らかしたまま、出かけました。

방을 어지럽힌 채 외출했습니다.

☑ **ちる** 散る　(동) 떨어지다

치루

花が散るときになって、とても残念です。

꽃이 질 때가 되어 매우 안타깝습니다.

☑ **つうじる** 通じる　(동) 통하다

츠-지루

親しい人とは通じるところが多いです。

친한 사람과는 통하는 부분이 많습니다.

☑ **つうろ** 通路　(명) 통로

츠-로

通路に近い席にしてくださいますか。

통로에 가까운 자리로 해 주시겠습니까?

☑ **つかまる** 捕まる　(동) 잡다, 붙잡다

츠까마루

逃げた犯人を捕まってきました。

도망간 범인을 붙잡아 왔습니다.

311

☑ **つかれ** 疲れ   명 피로, 피곤

츠까레

疲れがたまっているときは仕事もしません。

피로가 쌓여 있을 때는 일도 하지 않습니다.

☑ **つきあう** 付き合う   동 사귀다, 교제하다

치끼아우

彼女とは今まで五年間付き合いました。

그녀와는 지금까지 5년간 사귀었습니다.

☑ **つぎつぎに** 次々に   부 계속하여, 잇달아, 연이어

츠기쯔기니

険しい事件が次々に起こっています。

험악한 사건이 잇달아 일어나고 있습니다.

☑ **つける** 付ける   동 붙이다, 켜다

츠께루

誰でもすぐ分かるように印を付けました。

누구라도 바로 알 수 있도록 표시를 붙였습니다.

☑ **つたわる** 伝わる   동 전달되다, 전해지다

츠따와루

変な噂が口から口へと伝わりました。

이상한 소문이 입에서 입으로 전해졌습니다.

☑ **つながる** 繋がる   동 연결되다, 잇다

츠나가루

やっと先生と電話が繋がりました。

겨우 선생님과 전화가 연결되었습니다.

☑ **つぶす** 潰す   동 으깨다, 부수다

츠부스

にんにくを潰して、鍋の中に入れました。

마늘을 으깨서 냄비 속에 넣었습니다.

☑ **つみ** 罪   명 죄

츠미

あの人は罪を犯した悪い人です。

저 사람은 죄를 저지른 나쁜 사람입니다.

☑ **つむ** 積む   동 쌓다

츠무

船に積んでいる荷物は何ですか。

배에 쌓고 있는 짐은 무엇입니까?

☑ **つめ** 爪   명 손톱

츠메

長く伸びた爪は短く切ってください。

길게 자란 손톱은 짧게 잘라 주세요.

☑ **つもる** 積もる   동 쌓이다

츠모루

本棚にほこりが積もっていて汚いです。

책장에 먼지가 쌓여 있어서 지저분합니다.

☑ **つゆ** 梅雨   명 장마

츠유

梅雨が始まって、とても湿度が高いです。

장마가 시작되어 매우 습도가 높습니다.

■ **つらい** 辛い 　　　　　 い形 괴롭다, 힘들다

츠라이

悪い感情を持つのはとても辛いです。

나쁜 감정을 갖는 것은 너무 괴롭습니다.

■ **つり** 釣り 　　　　　 명 낚시

츠리

週末は父と釣りをしに行きます。

주말에는 아버지와 낚시를 하러 갑니다.

■ **であう** 出会う 　　　　　 동 만나다

데아우

どこで出会って付き合うようになりましたか。

어디에서 만나 사귀게 되었습니까?

■ **でいり** 出入り 　　　　　 명 출입

데이리

関係者ではない人は出入りができません。

관계자가 아닌 사람은 출입을 할 수 없습니다.

■ **できあがる** 出来上がる 　　　 동 다 되다, 완성되다

데끼아가루

遅くても三日後には出来上がります。

늦어도 3일 후에는 완성됩니다.

て

☑ てきせつだ 適切だ　(な형) 적절하다

테끼세쯔다

<ruby>誰<rt>だれ</rt></ruby>か<ruby>適切<rt>てきせつ</rt></ruby>な<ruby>例<rt>れい</rt></ruby>を<ruby>挙<rt>あ</rt></ruby>げてください。

누군가 적절한 예를 들어 주세요.

☑ できれば　(부) 가능하면, 될 수 있으면

데끼레바

できれば、<ruby>報告書<rt>ほうこくしょ</rt></ruby>から<ruby>出<rt>だ</rt></ruby>してください。

될 수 있으면 보고서부터 내 주세요.

☑ てちょう 手帳　(명) 수첩

테쬬-

<ruby>連絡先<rt>れんらくさき</rt></ruby>は<ruby>手帳<rt>てちょう</rt></ruby>に<ruby>書<rt>か</rt></ruby>いてありました。

연락처는 수첩에 적혀 있었습니다.

☑ でんごん 伝言　(명) 전언, 전할 말

뎅공

<ruby>伝言<rt>でんごん</rt></ruby>があれば、<ruby>用件<rt>ようけん</rt></ruby>を<ruby>書<rt>か</rt></ruby>いてください。

전할 말이 있으면, 용건을 써 주세요.

☑ てんすう 点数　(명) 점수

텐스-

<ruby>高<rt>たか</rt></ruby>い<ruby>点数<rt>てんすう</rt></ruby>をとるために<ruby>勉強<rt>べんきょう</rt></ruby>します。

높은 점수를 얻기 위하여 공부합니다.

☑ でんち 電池　(명) 건전지

덴찌

<ruby>電池<rt>でんち</rt></ruby>が<ruby>切<rt>き</rt></ruby>れて、<ruby>途中<rt>とちゅう</rt></ruby>で<ruby>止<rt>と</rt></ruby>まりました。

건전지가 떨어져서 도중에 멈추었습니다.

315

■ でんとう 伝統　　(명) 전통

덴또-

十年の伝統を持っている店です。
じゅうねん　でんとう　も　　　　　みせ

10년의 전통을 가지고 있는 상점입니다.

■ とうあん 答案　　(명) 답안

토-앙

時間がないから、答案から書きました。
じ かん　　　　　　とうあん　　か

시간이 없으니까 답안부터 적었습니다.

■ とういつする 統一する　　(동) 통일하다

토-이쯔스루

人々の意見を統一してください。
ひとびと　い けん　とういつ

사람들의 의견을 통일해 주세요.

■ どうか　　(부) 제발, 아무쪼록

도-까

どうか提案を受け入れてください。
ていあん　う　い

아무쪼록 제안을 받아들여 주세요.

■ どうさ 動作　　(명) 동작

도-사

足の動作をもっと大きくしてみましょう。
あし　どうさ　　　　　　おお

다리의 동작을 더 크게 해 봅시다.

☑ **どうじに** 同時に　　　　　🖭 동시에

도-지니

二つの仕事を同時にすることはできません。

2가지 일을 동시에 할 수는 없습니다.

と

☑ **どうしても**　　　　🖭 도저히, 반드시, 무슨 일이 있어도

도-시떼모

どうしても整理しておく書類があります。

반드시 정리해 둘 서류가 있습니다.

☑ **どうせ**　　　　　🖭 어차피

도-세

どうせ彼女とは仲直りをしたくありません。

어차피 그녀와는 화해를 하고 싶지 않습니다.

☑ **とうぜんだ** 当然だ　　　な형 당연하다

토-젠다

そのことを任せたのは当然なことです。

그 일을 맡긴 것은 당연한 일입니다.

☑ **とうちゃくする** 到着する　🖭 도착하다

토-쨔꾸스루

空港には何時に到着しましたか。

공항에는 몇 시에 도착했습니까?

☑ **どうろ** 道路　　　🖭 도로

도-로

たくさんの車が道路を通っています。

많은 자동차가 도로를 지나가고 있습니다.

317

☑ **とおす** 通す　　　　(동) 통과하다, 지나가다

토-스

テレビを通して、製品を宣伝します。

텔레비전을 통하여 제품을 선전합니다.

☑ **どきどきする**　　　　(동) 두근거리다

도끼도끼스루

彼女の顔を見るたびにどきどきします。

그녀의 얼굴을 볼 때마다 두근거립니다.

☑ **とくいだ** 得意だ　　　　(な형) 잘한다, 자신 있다

토꾸이다

私はパズルを合せるのが得意です。

나는 퍼즐을 맞추는 것을 잘합니다.

☑ **とくしゅだ** 特殊だ　　　　(な형) 특수하다

톡쓔다

この服は特殊な素材で作りました。

이 옷은 특수한 소재로 만들었습니다.

☑ **どくしょ** 読書　　　　(명) 독서

독쑈

姉の趣味は読書をすることです。

언니(누나)의 취미는 독서를 하는 것입니다.

☑ **どくしん** 独身　　　　(명) 독신

독씽

四十歳が過ぎたのに、まだ独身です。

40살이 넘었는데도, 아직 독신입니다.

と

☑ **とくちょう** 特徴　　**명** 특징

토꾸쬬-

<ruby>声<rt>こえ</rt></ruby>に<ruby>特徴<rt>とくちょう</rt></ruby>があって、<ruby>聞<rt>き</rt></ruby>いたら<ruby>分<rt>わ</rt></ruby>かります。

목소리에 특징이 있어서, 들으면 알 수 있습니다.

☑ **とける** 溶ける　　**동** 녹다

토께루

<ruby>砂糖<rt>さとう</rt></ruby>が<ruby>水<rt>みず</rt></ruby>に<ruby>溶<rt>と</rt></ruby>けて<ruby>形<rt>かたち</rt></ruby>がなくなりました。

설탕이 물에 녹아서 형태가 사라졌습니다.

☑ **とける** 解ける　　**동** 풀다, 풀어지다

토께루

<ruby>彼<rt>かれ</rt></ruby>に<ruby>対<rt>たい</rt></ruby>する<ruby>誤解<rt>ごかい</rt></ruby>はまだ<ruby>解<rt>と</rt></ruby>けていません。

그에 대한 오해는 아직 풀어지지 않았습니다.

☑ **とじる** 閉じる　　**동** 닫다, 감다

토지루

<ruby>目<rt>め</rt></ruby>を<ruby>閉<rt>と</rt></ruby>じて<ruby>考<rt>かんが</rt></ruby>え<ruby>事<rt>ごと</rt></ruby>をするときがあります。

눈을 감고 생각을 할 때가 있습니다.

☑ **とつぜん** 突然　　**부** 돌연, 갑자기

토쯔젱

<ruby>突然<rt>とつぜん</rt></ruby><ruby>電話<rt>でんわ</rt></ruby>のベルが<ruby>鳴<rt>な</rt></ruby>って<ruby>驚<rt>おどろ</rt></ruby>きました。

갑자기 전화벨이 울려서 놀랐습니다.

☑ **とどく** 届く　　**동** 닿다, 미치다, 도착하다

토도꾸

<ruby>友達<rt>ともだち</rt></ruby>からメールが<ruby>届<rt>とど</rt></ruby>いて、さっそく<ruby>読<rt>よ</rt></ruby>みました。

친구로부터 메일이 도착해서 당장 읽었습니다.

319

☑ **とにかく**   (부) 어쨌든

토니까꾸

<u>とにかく</u>計画の変更は不可能です。

어쨌든 계획의 변경은 불가능합니다.

☑ **とばす** 飛ばす   (동) 날리다

토바스

紙で作った飛行機を<u>飛ばしました</u>。

종이로 만든 비행기를 날렸습니다.

☑ **どりょく** 努力   (명) 노력

도료꾸

今はもっと<u>努力</u>をして頑張る時です。

지금은 더욱 노력을 해서 열심히 할 때입니다.

☑ **どんなに**   (부) 아무리

돈나니

<u>どんなに</u>眠くても、毎日日記をつけます。

아무리 졸려도 매일 일기를 씁니다.

☑ **ないよう** 内容   (명) 내용

나이요-

どうしても小説の<u>内容</u>が理解できません。

도저히 소설의 내용을 이해할 수 없습니다.

☑ **ながす** 流す　　　　⑧ 흘려보내다, 흘리다

나가스

映画を見ながら、涙を流しています。

영화를 보면서 눈물을 흘리고 있습니다.

☑ **なかみ** 中身・中味　　⑲ 내용물

나까미

その箱の中身は全部捨ててください。

그 상자의 내용물은 전부 버려 주세요.

☑ **ながれる** 流れる　　　⑧ 흘러가다, 떠내려가다, 흐르다

나가레루

川に落とした靴が流れていきます。

강에 떨어뜨린 신발이 떠내려가고 있습니다.

☑ **なぐさめる** 慰める　　⑧ 위로하다

나구사메루

悲しんでいる友だちを慰めてあげました。

슬퍼하고 있는 친구를 위로해 주었습니다.

☑ **なぐる** 殴る　　　　⑧ 치다, 때리다

나구루

とても腹が立って、相手を殴りました。

너무 화가 나서 상대방을 때렸습니다.

☑ **なぜなら**　　　　　⑳ 왜냐하면

나제나라

私は行けません。なぜなら、約束があります。

나는 갈 수 없습니다. 왜냐하면, 약속이 있습니다.

な

☑ **なつかしい** 懐かしい 〔い형〕 그립다

나쯔까시-

アルバムの写真を見ると、とても懐かしいです。

앨범의 사진을 보니, 너무 그립습니다.

☑ **なっとく** 納得 〔명〕 납득

낫또꾸

いくら考えてみても、納得がいきません。

아무리 생각해 봐도 납득이 가지 않습니다.

☑ **ななめ** 斜め 〔명〕 대각선, 비스듬함

나나메

郵便局は斜めの方向にあります。

우체국은 대각선 방향에 있습니다.

☑ **なにも** 何も 〔부〕 아무것도

나니모

お腹が痛くて、何も食べたくありません。

배가 아파서 아무것도 먹고 싶지 않습니다.

☑ **なべ** 鍋 〔명〕 냄비

나베

鍋の中に料理が入っていますか。

냄비 안에 요리가 들어 있습니까?

☑ **なまいきだ** 生意気だ 〔な형〕 건방지다

나마이끼다

生意気な態度は絶対許しません。

건방진 태도는 절대 용서하지 않습니다.

☑ **なまける** 怠ける   동 게으름 피우다

나마께루

働かないで怠ける人は首になります。

일하지 않고 게으름 피우는 사람은 해고됩니다.

☑ **なみだ** 涙   명 눈물

나미다

決して人前では涙を流しません。

결코 남 앞에서는 눈물을 흘리지 않습니다.

に

☑ **なやむ** 悩む   동 고민하다

나야무

計画を実行するかどうかを悩んでいます。

계획을 실행할지 안 할지를 고민하고 있습니다.

☑ **なれる** 慣れる   동 익숙해지다

나레루

朝早く起きるのにまだ慣れていません。

아침 일찍 일어나는 것에 아직 익숙해져 있지 않습니다.

☑ **にあう** 似合う   동 어울리다

니아우

白いブラウスはあなたによく似合います。

하얀 블라우스는 당신에게 잘 어울립니다.

323

☑ **におう** 匂う　　　　　⑧ 냄새가 나다

니오우

彼女のハンカチから花の匂いがします。

그녀의 손수건에서 꽃 냄새가 납니다.

☑ **にがす** 逃がす　　　　⑧ 놓치다

니가스

捕まった犯人を逃がして悔しいです。

붙잡은 범인을 놓쳐서 분합니다.

☑ **にがてだ** 苦手だ　　　な형 서툴다, 잘 못하다

니가떼다

まだピアノを上手に弾くのが苦手です。

아직 피아노를 치는 것이 서툽니다.

☑ **にくい** 憎い　　　　　い형 밉다, 얄밉다

니꾸이

彼の行動が憎くて我慢できません。

그의 행동이 얄미워서 참을 수가 없습니다.

☑ **にくむ** 憎む　　　　　⑧ 증오하다, 미워하다

니꾸무

一年も過ぎたのに、今も憎んでいますか。

1년이나 지났는데 지금도 미워하고 있습니까?

☑ **にこにこする**　　　　⑧ 싱글벙글하다

니꼬니꼬스루

あの子はいつもにこにこする明るい子です。

저 아이는 항상 싱글벙글하는 밝은 아이입니다.

324

☑ **にってい** 日程 　　　(명) 일정

닛떼-

少し日程を後に回しても大丈夫ですか。

조금 일정을 뒤로 돌려도 괜찮겠습니까?

☑ **にぶい** 鈍い 　　　(い형) 둔하다

니부이

あの人は鈍くて、まだ気づいていないようです。

저 사람은 둔해서 아직 눈치 채지 못한 것 같습니다.

☑ **にゅうじょうする** 入場する 　　　(동) 입장하다

뉴-죠-스루

入場するときはチケットを見せてください。

입장할 때는 티켓을 보여 주세요.

☑ **にんき** 人気 　　　(명) 인기

닝끼

友達から人気がなくて、少し寂しいです。

친구로부터 인기가 없어서 조금 외롭습니다.

☑ **ぬく** 抜く 　　　(동) 빼다

누꾸

論文から一部を抜いてもいいですか。

논문에서 일부분을 빼도 됩니까?

ぬ

☑ **ぬける** 抜ける   (동) 빠지다

누께루

最近髪の毛が抜けて悲しいです。

요즘 머리카락이 빠져서 슬픕니다.

☑ **ねがう** 願う   (동) 바라다, 원하다

네가우

息子が大学生になることを願っています。

아들이 대학생이 되기를 바라고 있습니다.

☑ **のうりょく** 能力   (명) 능력

노-료꾸

みんなに能力を認められるほどすごいです。

모두에게 능력을 인정받을 만큼 대단합니다.

☑ **のこす** 残す   (동) 남기다

노꼬스

ご飯は残さないで全部食べてください。

밥은 남기지 말고 전부 먹어 주세요.

☑ **のこり** 残り　　　　　⑬ 남은 것

노꼬리

ほとんど終わって、残りは八枚だけです。

거의 끝나서, 남은 것은 8장뿐입니다.

☑ **のせる** 乗せる　　　　⑤ 태우다

노세루

自転車の後ろに子供を乗せました。

자전거 뒤에 아이를 태웠습니다.

☑ **のぞむ** 望む　　　　　⑤ 바라다, 원하다

노조무

娘が望む人と結婚させるつもりです。

딸이 원하는 사람과 결혼시킬 생각입니다.

☑ **のばす** 伸ばす・延ばす　⑤ 늘리다

노바스

髪を伸ばしたら、もっと大人しく見えます。

머리를 길렀더니 더욱 어른스럽게 보입니다.

☑ **のびる** 伸びる・延びる　⑤ 늘어나다, 자라다

노비루

今年は背が十センチも伸びました。

올해는 키가 10cm나 자랐습니다.

☑ **のべる** 述べる　　　　⑤ 말하다, 서술하다

노베루

話したいことを自由に述べてください。

이야기하고 싶은 것을 자유롭게 말해 주세요.

ね
の

☑ **のぼる** 上る・登る   圏 오르다, 올라가다

노보루

山に登るときはいつも帽子をかぶります。

산에 오를 때는 언제나 모자를 씁니다.

☑ **のる** 載る   圏 실리다, 앉히다

노루

新聞に面白い記事が載っています。

신문에 재미있는 기사가 실려 있습니다.

は

☑ **はい** 灰   圀 재

하이

灰を落として、カーペットが汚くなりました。

재를 떨어뜨려서 카펫이 더러워졌습니다.

☑ **はいたつ** 配達   圀 배달

하이따쯔

宅急便に配達を頼んだことがあります。

택배에 배달을 부탁한 적이 있습니다.

☑ **ばか** 馬鹿   圀 바보, 멍청이

바까

彼に二回も騙されて馬鹿みたいです。

그에게 2번이나 속아서 바보 같습니다.

☑ **ばからしい** 馬鹿らしい (い형) 어리석다, 어처구니없다

바까라시ー

彼に忠告をするのは馬鹿らしいことです。

그에게 충고를 하는 것은 어리석은 일입니다.

☑ **はかる** 計る・測る (동) 측정하다, 재다

하까루

荷物の正確な重さを測ってみます。

화물의 정확한 무게를 측정해 보겠습니다.

☑ **はく** 吐く (동) 토하다, 내뱉다

하꾸

子供が食べた物を全部吐きました。

아이가 먹은 것을 전부 토했습니다.

☑ **はくしゅ** 拍手 (명) 박수

학쓔

演奏が終わったとき、拍手をしてくれました。

연주가 끝났을 때 박수를 쳐 주었습니다.

☑ **ばくはつする** 爆発する (동) 폭발하다

바꾸하쯔스루

どこかで爆発する音が聞こえてびっくりしました。

어딘가에서 폭발하는 소리가 들려서 깜짝 놀랐습니다.

☑ **はげしい** 激しい (い형) 격하다, 심하다

하게시ー

雨が激しくて、服が濡れました。

비가 심하게 내려서 옷이 젖었습니다.

は

329

☑ はさみ ㉇ 가위

하사미

はさみを使うときは怪我しないように注意します。

가위를 쓸 때는 상처 입지 않도록 주의하겠습니다.

☑ はずす 外す ㉐ 벗기다, 풀다, 빼다

하즈스

練習しない選手はチームから外します。

연습하지 않는 선수는 팀에서 빼겠습니다.

☑ はずれる 外れる ㉐ 벗어지다, 풀리다, 빠지다

하즈레루

ボタンがいつ外れたのか、よく分かりません。

단추가 언제 떨어졌는지 잘 모르겠습니다.

☑ はた 旗 ㉇ 깃발

하따

柱の上に旗が立てられています。

기둥 위에 깃발이 세워져 있습니다.

☑ はだ 肌 ㉇ 피부

하다

彼女の肌は白くてきれいです。

그녀의 피부는 하얗고 깨끗합니다.

☑ はたして 果たして ㉑ 과연, 정말

하따시떼

果たして彼の話が真実でしょうか。

과연 그의 이야기가 진실일까요?

☑ **はっけんする** 発見する 동 발견하다

학껜스루

<ruby>自分<rt>じ ぶん</rt></ruby>で<ruby>間違<rt>ま ちが</rt></ruby>ったところを<ruby>発見<rt>はっけん</rt></ruby>しました。

스스로 잘못된 부분을 발견했습니다.

☑ **はったつ** 発達 명 발달

핫따쯔

この<ruby>頃<rt>ごろ</rt></ruby>、<ruby>急速<rt>きゅうそく</rt></ruby>な<ruby>発達<rt>はったつ</rt></ruby>をしているそうです。

요즘 급속한 발달을 하고 있다고 합니다.

☑ **ばったり** 부 딱 [갑자기 마주침]

밧따리

<ruby>道<rt>みち</rt></ruby>で<ruby>会社<rt>かいしゃ</rt></ruby>の<ruby>同僚<rt>どうりょう</rt></ruby>と**ばったり**<ruby>会<rt>あ</rt></ruby>いました。

길에서 회사 동료와 딱 마주쳤습니다.

☑ **はっぴょう** 発表 명 발표

핟뾰 –

<ruby>今回<rt>こんかい</rt></ruby>の<ruby>発表<rt>はっぴょう</rt></ruby>は<ruby>内容<rt>ないよう</rt></ruby>がよかったです。

이번 발표는 내용이 좋았습니다.

☑ **はでだ** 派手だ な형 화려하다, 사치스럽다

하데다

<ruby>会場<rt>かいじょう</rt></ruby>に<ruby>派手<rt>は で</rt></ruby>な<ruby>飾<rt>かざ</rt></ruby>りがたくさんついています。

회장에 화려한 장식이 많이 붙어 있습니다.

☑ **はなす** 離す・放す 동 놓아주다, 풀어주다

하나스

<ruby>子供<rt>こ ども</rt></ruby>の<ruby>手<rt>て</rt></ruby>を<ruby>放<rt>はな</rt></ruby>したら、<ruby>走<rt>はし</rt></ruby>って<ruby>行<rt>い</rt></ruby>きました。

아이의 손을 놓았더니, 달려나갔습니다.

は

☑ **はなれる** 離れる・放れる　　(동) 떨어지다, 풀리다

하나레루

<ruby>両親<rt>りょうしん</rt></ruby>と<ruby>離<rt>はな</rt></ruby>れて、<ruby>独<rt>ひと</rt></ruby>り<ruby>暮<rt>く</rt></ruby>らしがしたいです。

부모님과 떨어져서 혼자 생활하고 싶습니다.

☑ **はば** 幅　　(명) 폭

하바

この<ruby>布<rt>ぬの</rt></ruby>は<ruby>幅<rt>はば</rt></ruby>が<ruby>狭<rt>せま</rt></ruby>くて<ruby>使<rt>つか</rt></ruby>えません。

이 천은 폭이 좁아서 사용할 수 없습니다.

☑ **ばめん** 場面　　(명) 장면

바멩

ここがいちばん<ruby>印象的<rt>いんしょうてき</rt></ruby>な<ruby>場面<rt>ばめん</rt></ruby>でした。

여기가 가장 인상적인 장면이었습니다.

☑ **はる** 張る　　(동) 뻗다

하루

<ruby>木<rt>き</rt></ruby>の<ruby>枝<rt>えだ</rt></ruby>が<ruby>四方<rt>しほう</rt></ruby>に<ruby>張<rt>は</rt></ruby>ってあります。

나무의 가지가 사방으로 뻗어 있습니다.

☑ **はる** 貼る　　(동) 붙이다

하루

<ruby>切手<rt>きって</rt></ruby>は<ruby>封筒<rt>ふうとう</rt></ruby>の<ruby>右<rt>みぎ</rt></ruby>に<ruby>貼<rt>は</rt></ruby>ってください。

우표는 봉투의 오른쪽에 붙여 주세요.

☑ **はんい** 範囲　　(명) 범위

항이

テストの<ruby>範囲<rt>はんい</rt></ruby>が<ruby>変<rt>か</rt></ruby>わったのを<ruby>知<rt>し</rt></ruby>りませんでした。

테스트의 범위가 바뀐 것을 몰랐습니다.

☑ **はんこ** 判子　　　　　명 도장

항꼬

名前の横に判子を押してください。

이름 옆에 도장을 찍어 주세요.

☑ **はんだん** 判断　　　　명 판단

한당

私の判断が間違っていたそうです。

내 판단이 잘못되어 있었다고 합니다.

☑ **はんばい** 販売　　　　명 판매

함바이

新製品の販売は来週から始まります。

신제품의 판매는 다음 주부터 시작됩니다.

ひ

☑ **ひがい** 被害　　　　　명 피해

히가이

洪水によって大きな被害が出ました。

홍수에 의해 커다란 피해가 났습니다.

☑ **ぴかぴかする**　　　동 반짝거리다

피까삐까스루

靴を磨いたら、ぴかぴかして気持ちいいです。

신발을 닦았더니, 반짝거려서 기분이 좋습니다.

☑ **ひじょうに** 非常に　（부）상당히, 매우, 몹시

히죠-니

奨学金をもらって、非常に嬉しいです。

장학금을 받아서 몹시 기쁩니다.

☑ **ひっしに** 必死に　（부）필사적으로

힛씨니

優勝するために必死に練習します。

우승하기 위하여 필사적으로 연습합니다.

☑ **ぴったり**　（부）딱

핏따리

端のところをぴったり合せてください。

끝부분을 딱 맞춰 주세요.

☑ **ひていする** 否定する　（동）부정하다

히떼-스루

強く否定する理由が知りたいです。

강하게 부정하는 이유를 알고 싶습니다.

☑ **ひとこと** 一言　（명）한마디

히또꼬또

一言も言わないで、突然いなくなりました。

한마디 말도 하지 않고, 갑자기 사라졌습니다.

☑ **ひにち** 日にち　（명）날짜

히니찌

面接の日にちはまだ決まっていません。

면접 날짜는 아직 정해지지 않았습니다.

☑ **ひはん** 批判　　　명 비판

히항

周りの人たちに批判を受けました。

주변 사람들에게 비판을 받았습니다.

☑ **ひみつ** 秘密　　　명 비밀

히미쯔

この秘密は誰にも言わないでください。

이 비밀은 누구에게도 말하지 말아 주세요.

☑ **ひやす** 冷やす　　　동 차갑게 하다, 식히다

히야스

お酒を冷やして飲むと、もっとおいしいです。

술을 차갑게 해서 마시면 더욱 맛있습니다.

☑ **ひょうか** 評価　　　명 평가

효-까

業務についての評価がよくありません。

업무에 대한 평가가 좋지 않습니다.

☑ **ひょうじょう** 表情　　　명 표정

효-죠-

表情を明るくするのは無理でしょう。

표정을 밝게 하는 것은 무리일 것입니다.

☑ **ひょうばん** 評判　　　명 평판

효-방

彼は友だちの間で評判がいいです。

그는 친구들 사이에서 평판이 좋습니다.

ひ

335

☑ **ひるね** 昼寝 　　　　　⟨명⟩ 낮잠

히루네

眠くて、机の上で昼寝をしました。

졸려서 책상 위에서 낮잠을 잤습니다.

☑ **ひろがる** 広がる 　　　⟨동⟩ 퍼지다, 넓어지다

히로가루

変なうわさが社内に広がっています。

이상한 소문이 사내에 퍼지고 있습니다.

☑ **ひろげる** 広げる 　　　⟨동⟩ 펴다, 넓히다

히로게루

鳥が翼を広げて空を飛んでいきます。

새가 날개를 펴고 하늘을 날아갑니다.

ふ

☑ **ふあんだ** 不安だ 　　　⟨な형⟩ 불안하다

후안다

まだ就職が決まらなくて、とても不安です。

아직 취직이 정해지지 않아서 너무 불안합니다.

☑ **ふうけい** 風景 　　　　⟨명⟩ 풍경

후ー께ー

丘の上で町の風景を眺めます。

언덕 위에서 마을 풍경을 바라봅니다.

☑ **ふきそくだ** 不規則だ (な형) **불규칙하다**

후끼소꾸다

<ruby>不規則<rt>ふ き そく</rt></ruby>な<ruby>生活<rt>せいかつ</rt></ruby>はかなり<ruby>体<rt>からだ</rt></ruby>に<ruby>悪<rt>わる</rt></ruby>いです。

불규칙한 생활은 상당히 몸에 나쁩니다.

☑ **ふく** 拭く (동) **닦다, 훔치다**

후꾸

テーブルに<ruby>水<rt>みず</rt></ruby>をこぼして<ruby>拭<rt>ふ</rt></ruby>いています。

테이블에 물을 쏟아서 닦고 있습니다.

☑ **ふくそう** 服装 (명) **복장**

훅쏘-

<ruby>学生<rt>がくせい</rt></ruby>なら、<ruby>学生<rt>がくせい</rt></ruby>らしい<ruby>服装<rt>ふくそう</rt></ruby>をしてください。

학생이라면 학생다운 복장을 해 주세요.

☑ **ふくろ** 袋 (명) **봉지, 자루, 주머니**

후꾸로

これでは<ruby>足<rt>た</rt></ruby>りないから、<ruby>袋<rt>ふくろ</rt></ruby>をもう<ruby>一枚<rt>いちまい</rt></ruby>ください。

이것으로는 부족하니까, 봉지를 1장 더 주세요.

☑ **ふこうだ** 不幸だ (な형) **불행하다**

후꼬-다

<ruby>彼女<rt>かのじょ</rt></ruby>は<ruby>結婚<rt>けっこん</rt></ruby>してから<ruby>不幸<rt>ふ こう</rt></ruby>になりました。

그녀는 결혼하고 나서 불행해졌습니다.

☑ **ふさぐ** 塞ぐ (동) **막다, 닫다, 가리다**

후사구

<ruby>荷物<rt>に もつ</rt></ruby>を<ruby>置<rt>お</rt></ruby>いて<ruby>出入口<rt>で いりくち</rt></ruby>を<ruby>塞<rt>ふさ</rt></ruby>ぎました。

짐을 놓아서 출입구를 막았습니다.

ふ

☑ **ふしぎだ** 不思議だ   (な형) 이상하다, 불가사의하다

후시기다

この頃<ruby>不思議<rt>ふ し ぎ</rt></ruby>な<ruby>事件<rt>じ けん</rt></ruby>が<ruby>起<rt>お</rt></ruby>こっています。

요즘 불가사의한 사건이 일어나고 있습니다.

☑ **ぶじだ** 無事だ   (な형) 무사하다

부지다

<ruby>初<rt>はじ</rt></ruby>めての<ruby>発表<rt>はっぴょう</rt></ruby>が<ruby>無事<rt>ぶ じ</rt></ruby>に<ruby>終<rt>お</rt></ruby>わりました。

처음 하는 발표가 무사히 끝났습니다.

☑ **ふせぐ** 防ぐ   (동) 막다, 방지하다

후세구

<ruby>泥棒<rt>どろぼう</rt></ruby>が<ruby>入<rt>はい</rt></ruby>ってくるのを<ruby>防<rt>ふせ</rt></ruby>ぐにはどうしますか。

도둑이 들어오는 것을 막으려면 어떻게 합니까?

☑ **ぶたい** 舞台   (명) 무대

부따이

<ruby>俳優<rt>はいゆう</rt></ruby>たちが<ruby>舞台<rt>ぶ たい</rt></ruby>に<ruby>上<rt>あ</rt></ruby>がって<ruby>挨拶<rt>あいさつ</rt></ruby>をします。

배우들이 무대에 올라가 인사를 합니다.

☑ **ふたん** 負担   (명) 부담

후땅

<ruby>相手<rt>あい て</rt></ruby>に<ruby>負担<rt>ふ たん</rt></ruby>にならないプレゼントがいいです。

상대방에게 부담이 되지 않는 선물이 좋습니다.

☑ **ぶっか** 物価   (명) 물가

북까

<ruby>最近<rt>さいきん</rt></ruby><ruby>物価<rt>ぶっ か</rt></ruby>が<ruby>高<rt>たか</rt></ruby>くなったようです。

요즘 물가가 비싸진 것 같습니다.

☑ **ふまん** 不満　　　명 불만

후망

<ruby>会社<rt>かいしゃ</rt></ruby>には<ruby>何<rt>なん</rt></ruby>の<u>不満</u>もありません。

회사에는 어떤 불만도 없습니다.

☑ **ふやす** 増やす　　　동 늘리다

후야스

たった<ruby>三年<rt>さんねん</rt></ruby>で<ruby>財産<rt>ざいさん</rt></ruby>をたくさん<u><ruby>増<rt>ふ</rt></ruby>やしました</u>。

단 3년 만에 재산을 많이 늘렸습니다.

☑ **ふりだ** 不利だ　　　な형 불리하다

후리다

<ruby>自分<rt>じぶん</rt></ruby>に<u><ruby>不利<rt>ふり</rt></ruby>な</u><ruby>質問<rt>しつもん</rt></ruby>には<ruby>答<rt>こた</rt></ruby>えません。

자신에게 불리한 질문에는 대답하지 않습니다.

☑ **ふる** 振る　　　동 흔들다

후루

<ruby>別<rt>わか</rt></ruby>れるときに<ruby>手<rt>て</rt></ruby>を<u><ruby>振<rt>ふ</rt></ruby>って</u>くれました。

헤어질 때 손을 흔들어 주었습니다.

☑ **ふるえる** 震える　　　동 떨리다

후루에루

シャワーのあとは<ruby>寒<rt>さむ</rt></ruby>くて<ruby>体<rt>からだ</rt></ruby>が<u><ruby>震<rt>ふる</rt></ruby>えます</u>。

샤워 후에는 추워서 몸이 떨립니다.

☑ **ふんいき** 雰囲気　　　명 분위기

훙이끼

<u><ruby>雰囲気<rt>ふんいき</rt></ruby></u>がいいレストランで<ruby>食<rt>た</rt></ruby>べました。

분위기가 좋은 레스토랑에서 먹었습니다.

ふ

☑ **ぶんぽう** 文法　　　　　 명 문법

붐뽀-

<u>文法</u>に合わない<u>文章</u>があります。

문법에 맞지 않는 문장이 있습니다.

☑ **ぶんるいする** 分類する　　 동 분류하다

분루이스루

<u>単語</u>をテーマ<u>別</u>に<u>分類</u>しました。

단어를 테마별로 분류했습니다.

☑ **へいきだ** 平気だ　　　 な형 태연하다, 아무렇지 않다

헤-끼다

<u>彼</u>は<u>先生</u>に<u>叱</u>られても<u>平気</u>です。

그는 선생님한테 꾸중을 들어도 태연합니다.

☑ **へいじつ** 平日　　　　 명 평일

헤-지쯔

<u>平日</u>は<u>週末</u>ほど<u>道路</u>が<u>渋滞</u>しません。

평일은 주말만큼 도로가 정체되지 않습니다.

☑ **べつに** 別に　　　　　 부 별로, 그다지

베쯔니

<u>別</u>にあなたに<u>話</u>したいことはありません。

별로 당신에게 하고 싶은 말은 없습니다.

■ **べつべつだ** 別々だ　　(な형) **따로따로다**

베쯔베쯔다

^{ひと}一つずつ<u>別々</u>に包んでください。

1개씩 따로따로 포장해 주세요.

■ **へらす** 減らす　　(동) **줄이다**

헤라스

^{たいじゅう}体重を<u>減らす</u>ためにダイエットをしています。

체중을 줄이기 위해 다이어트를 하고 있습니다.

■ **へる** 減る　　(동) **줄다, 줄어들다**

헤루

^{だれ}誰かジュースを^の飲んで、^{りょう}量が<u>減りました</u>。

누군가 주스를 마셔서 양이 줄어들었습니다.

■ **へんか** 変化　　(명) **변화**

헹까

^{すこ}少しでも<u>変化</u>があったら、^{ほうこく}報告します。

조금이라도 변화가 있으면 보고하겠습니다.

■ **へんこうする** 変更する　　(동) **변경하다**

헹꼬-스루

^{かいぎ}会議を^{ごご}午後^{にじ}二時に<u>変更します</u>。

회의를 오후 2시로 변경하겠습니다.

へ

341

ほ

☑ **ほうこう** 方向　　　　　명 방향

호-꼬-

行こうとする**方向**と反対に行きました。

가려고 하는 방향과 반대로 갔습니다.

☑ **ほうこく** 報告　　　　　명 보고

호-꼬꾸

課長に**報告**をするのが一番いいです。

과장님에게 보고를 하는 것이 가장 좋습니다.

☑ **ほうせき** 宝石　　　　　명 보석

호-세끼

高い**宝石**をプレゼントしてくれて、びっくりしました。

비싼 보석을 선물해 줘서 깜짝 놀랐습니다.

☑ **ほうほう** 方法　　　　　명 방법

호-호-

速く終わる**方法**を教えてください。

빨리 끝나는 방법을 가르쳐 주세요.

☑ **ほがらかだ** 朗らかだ　　　な형 명랑하다

호가라까다

性格が**朗らかな**人が好きです。

성격이 명랑한 사람을 좋아합니다.

☑ **ほす** 干す ⓢ 말리다

호스

晴れた日はベランダに布団を干します。

날씨가 맑은 날에는 베란다에 이불을 말립니다.

☑ **ほね** 骨 ⓜ 뼈

호네

骨が弱くて骨折になることがあります。

뼈가 약해서 골절이 될 때가 있습니다.

☑ **ほぼ** ⓑ 거의

호보

遅くても今週まではほぼ終わります。

늦어도 이번 주까지는 거의 끝납니다.

☑ **ほる** 掘る ⓢ 파다, 파내다

호루

土を掘ってみたら、変な物がありました。

땅을 파 보았더니, 이상한 물건이 있었습니다.

☑ **ほんにん** 本人 ⓜ 본인

혼닝

何よりも本人に聞くのが一番です。

무엇보다도 본인에게 묻는 것이 가장 좋습니다.

☑ **ほんもの** 本物 ⓜ 진짜, 진품

홈모노

このダイヤモンドが本物なのか、調べてください。

이 다이아몬드가 진짜인지 알아봐 주세요.

ほ

ま

☑ **まかせる** 任せる   동 맡기다

마까세루

<ruby>難<rt>むずか</rt></ruby>しい<ruby>仕事<rt>しごと</rt></ruby>を<ruby>任<rt>まか</rt></ruby>せてもいいですか。

어려운 일을 맡겨도 괜찮습니까?

☑ **まく** 撒く・蒔く   동 뿌리다

마꾸

できた<ruby>料理<rt>りょうり</rt></ruby>の<ruby>上<rt>うえ</rt></ruby>にこしょうを<ruby>撒<rt>ま</rt></ruby>きました。

완성된 요리 위에 후추를 뿌렸습니다.

☑ **まけ** 負け   명 짐, 패배

마께

<ruby>私<rt>わたし</rt></ruby>の<ruby>負<rt>ま</rt></ruby>けだという<ruby>事実<rt>じじつ</rt></ruby>を<ruby>認<rt>みと</rt></ruby>めました。

나의 패배라는 사실을 인정했습니다.

☑ **まご** 孫   명 손자

마고

<ruby>孫<rt>まご</rt></ruby>が<ruby>通<rt>かよ</rt></ruby>っている<ruby>幼稚園<rt>ようちえん</rt></ruby>に<ruby>行<rt>い</rt></ruby>きます。

손자가 다니고 있는 유치원에 갑니다.

☑ **まさか**   부 설마

마사까

まさか<ruby>大学<rt>だいがく</rt></ruby>に<ruby>落<rt>お</rt></ruby>ちるとは<ruby>思<rt>おも</rt></ruby>いませんでした。

설마 대학에 떨어지리라고는 생각하지 않았습니다.

☑ **まざる** 混ざる・交ざる (동) 섞이다

마자루

赤と白が混ざったら、何色になりますか。

빨강과 하양이 섞이면 어떤 색이 됩니까?

☑ **ますます** (부) 점점 더

마스마스

物価はますます高くなっています。

물가는 점점 더 비싸지고 있습니다.

☑ **まぜる** 混ぜる・交ぜる (동) 섞다

마제루

よく混ぜて、鍋の中に入れました。

잘 섞어서 냄비 속에 넣었습니다.

☑ **まちがう** 間違う (동) 틀리다, 잘못하다

마찌가우

間違ったところを教えてください。

잘못된 곳을 가르쳐 주세요.

☑ **まっかだ** 真っ赤だ (な형) 새빨갛다

막까다

恥ずかしくて、顔が真っ赤になりました。

부끄러워서 얼굴이 새빨개졌습니다.

☑ **まっくらだ** 真っ暗だ (な형) 캄캄하다

막꾸라다

一人で真っ暗な部屋に入ります。

혼자서 캄캄한 방으로 들어갑니다.

ま

345

▨ **まっくろだ** 真っ黒だ （な형） 새까맣다

막꾸로다

靴下が真っ黒になるくらいに汚いです。

양말이 새까맣게 될 정도로 더럽습니다.

▨ **まっさおだ** 真っ青だ （な형） 새파랗다

맛싸오다

隣の人も怖くなって、顔が真っ青です。

옆 사람도 무서워져서 얼굴이 새파랗게 질렸습니다.

▨ **まっしろだ** 真っ白だ （な형） 새하얗다

맛씨로다

結婚するときは真っ白なドレスを着ます。

결혼할 때는 새하얀 드레스를 입습니다.

▨ **まったく** 全く （부） 전혀, 완전히

맛따꾸

そんなことは全く考えてみたこともありません。

그런 것은 전혀 생각해 본 적도 없습니다.

▨ **まどぐち** 窓口 （명） 창구

마도구찌

銀行の窓口は何時に開けますか。

은행 창구는 몇 시에 엽니까?

▨ **まとめる** （동） 정리하다

마또메루

内容が難しくて、易しくまとめました。

내용이 어려워서 쉽게 정리했습니다.

☑ **まなぶ** 学ぶ　　　(통) 배우다

마나부

_{だいがく}　　　_{けんちく}　　　　_{まな}
大学では建築について学びました。

대학에서는 건축에 대해 배웠습니다.

☑ **まね** 真似　　　(명) 흉내

마네

_{かれ}　_{とくぎ}　_{どうぶつ}　_{ま ね}
彼の特技は動物の真似です。

그의 특기는 동물의 흉내입니다.

☑ **まもる** 守る　　　(통) 지키다, 보호하다

마모루

　　　_{はなし}　　　　　_{ひ みつ}　_{まも}
この話については秘密を守ります。

이 이야기에 대해서는 비밀을 지키겠습니다.

☑ **まよう** 迷う　　　(통) 망설이다, 길을 잃다

마요우

　　　_{ふくざつ}　　　　　　_{みち}　_{まよ}
ここは複雑で、よく道に迷います。

이곳은 복잡해서 자주 길을 잃습니다.

☑ **まるで**　　　(부) 마치, 흡사

마루데

まるでモデルのように背が高いです。

마치 모델처럼 키가 큽니다.

☑ **まわす** 回す　　　(통) 돌리다

마와스

　　　　　　_{まわ}　　　　_{でん わ き}
ダイアルを回してかける電話機もあります。

다이얼을 돌려서 거는 전화기도 있습니다.

ま

347

☑ **まんがいち** 万が一 （부）만일, 만약

망가이찌

万が一、それが真実ならどうしますか。

만일 그것이 진실이라면 어떻게 하겠습니까?

☑ **まんぞくする** 満足する （동）만족하다

만조꾸스루

現在の収入にとても満足しています。

현재의 수입에 매우 만족하고 있습니다.

☑ **みあげる** 見上げる （동）올려다보다

미아게루

空を見上げて白い雲を見ました。

하늘을 올려다보고 하얀 구름을 보았습니다.

☑ **みおくる** 見送る （동）배웅하다

미오꾸루

空港まで行って、見送ってあげました。

공항까지 가서 배웅해 주었습니다.

☑ **みおろす** 見下ろす （동）내려다 보다

미오로스

山の頂上から見下ろしています。

산 정상에서 내려다보고 있습니다.

☑ **みかた** 味方　　　　　명 편, 아군

미까따
何があっても、私はあなたの味方です。
무슨 일이 있어도 나는 당신 편입니다.

☑ **みごとだ** 見事だ　　　　な형 훌륭하다, 멋지다

미고또다
大会に出て見事に成功しました。
대회에 나가 훌륭하게 성공했습니다.

☑ **みちる** 満ちる　　　　동 가득 차다

미찌루
自信に満ちた口調がうらやましいです。
자신에 가득 찬 말투가 부럽습니다.

☑ **みつめる** 見詰める　　　동 응시하다, 지켜보다

미쯔메루
窓の外を見詰ている人がいます。
창문 밖을 지켜보고 있는 사람이 있습니다.

☑ **みとめる** 認める　　　　동 인정하다

미또메루
自分の過ちをここで認めてください。
자기의 과실을 여기에서 인정해 주세요.

☑ **みにくい** 醜い　　　　い형 추하다, 보기 흉하다

미니꾸이
醜い格好で現れて、みんな驚きました。
보기 흉한 모습으로 나타나 모두 놀랐습니다.

み

☑ **みのる** 実る　　　(동) 열매 맺다, 결실을 맺다

미노루

私の努力は実ることができませんでした。

나의 노력은 결실을 맺을 수가 없었습니다.

☑ **みらい** 未来　　　(명) 미래

미라이

未来は現在より豊かになるでしょう。

미래는 현재보다 풍족해질 것입니다.

☑ **みりょく** 魅力　　　(명) 매력

미료꾸

一体彼女にはどんな魅力がありますか。

도대체 그녀에게는 어떤 매력이 있습니까?

☑ **みる** 診る　　　(동) 진찰하다

미루

お医者さんが患者たちを診ています。

의사 선생님이 환자들을 진찰하고 있습니다.

☑ **むける** 向ける　　　(동) 향하다

무께루

ターゲットに向けて攻撃を始めてください。

타깃을 향해 공격을 시작해 주세요.

☑ **むしあつい** 蒸し暑い　(い형) **무덥다**

무시아쯔이

今日は昨日より蒸し暑くなるそうです。

오늘은 어제보다 무더워진다고 합니다.

☑ **むしする** 無視する　(동) **무시하다**

무시스루

相手を無視する理由が知りたいです。

상대방을 무시하는 이유를 알고 싶습니다.

☑ **むしろ**　(부) **오히려, 도리어**

무시로

むしろ真実を知るのがいいかもしれません。

오히려 진실을 아는 것이 좋을지도 모릅니다.

☑ **むすぶ** 結ぶ　(동) **묶다, 연결하다**

무스부

玄関で靴の紐をきつく結んでいます。

현관에서 신발 끈을 단단하게 묶고 있습니다.

☑ **むちゅうだ** 夢中だ　(な형) **열중하다, 빠져 있다**

무쮸-다

去年まではフランス映画に夢中でした。

작년까지는 프랑스 영화에 빠져 있었습니다.

む

め

☑ **めいかくだ** 明確だ   な형 **명확하다**

메ー까꾸다

これよりもっと**明確な**証拠を出してください。

이것보다 더 명확한 증거를 내 주세요.

☑ **めいし** 名刺   명 **명함**

메ー시

初めて会うと、**名刺**を渡します。

처음 만나면 명함을 건넵니다.

☑ **めいれい** 命令   명 **명령**

메ー레ー

命令に従わない人は帰りなさい。

명령에 따르지 않을 사람은 돌아가세요.

☑ **めいわく** 迷惑   명 **폐, 귀찮음**

메ー와꾸

いろいろと**迷惑**をかけて、申し訳ありません。

여러 가지로 폐를 끼쳐서 죄송스럽습니다.

☑ **めうえ** 目上   명 **손윗사람**

메우에

目上の人には丁寧に挨拶をします。

손윗사람에게는 정중하게 인사를 합니다.

☑ **めした** 目下　　　　　　명 손아랫사람

메시따

彼は目下の人からも尊敬されます。

그는 손아랫사람에게도 존경받습니다.

☑ **めだつ** 目立つ　　　　　　동 눈에 띄다

메다쯔

彼女の派手な服装は目立ちます。

그녀의 화려한 복장은 눈에 띕니다.

☑ **めちゃくちゃだ**　　　　な형 엉망진창이다

메쨔꾸쨔다

整理したのに、めちゃくちゃになりました。

정리했는데, 엉망진창이 되었습니다.

☑ **めんきょ** 免許　　　　　　명 면허

멩꾜

まだ免許がなくて、運転してはいけません。

아직 면허가 없어서 운전해서는 안 됩니다.

☑ **めんぜい** 免税　　　　　　명 면세

멘제-

このカメラは免税になる品目です。

이 카메라는 면세가 되는 품목입니다.

☑ **めんせつ** 面接　　　　　　명 면접

멘세쯔

あした面接を受けるから、眠れません。

내일 면접을 보니까, 잠이 오지 않습니다.

め

■ **めんどうくさい** 面倒くさい 〔い形〕 귀찮다, 성가시다

멘독싸이

<ruby>面倒<rt>めんどう</rt></ruby>くさいことなら、<ruby>断<rt>ことわ</rt></ruby>りたいです。

귀찮은 일이라면 거절하고 싶습니다.

■ **もうふ** 毛布 〔명〕 모포, 담요

모-후

<ruby>寝<rt>ね</rt></ruby>たいから、<ruby>毛布<rt>もうふ</rt></ruby>を<ruby>持<rt>も</rt></ruby>ってきてください。

자고 싶으니까 모포를 갖다 주세요.

■ **もえる** 燃える 〔동〕 불타다, 피어오르다

모에루

<ruby>木造<rt>もくぞう</rt></ruby>の<ruby>家<rt>いえ</rt></ruby>はコンクリートよりよく<ruby>燃<rt>も</rt></ruby>えます。

목조 집은 콘크리트보다 불에 잘 탑니다.

■ **もくてき** 目的 〔명〕 목적

모꾸떼끼

その<ruby>話<rt>はなし</rt></ruby>を<ruby>私<rt>わたし</rt></ruby>にする<ruby>目的<rt>もくてき</rt></ruby>が<ruby>何<rt>なん</rt></ruby>ですか。

그 이야기를 나에게 하는 목적이 무엇입니까?

■ **もくひょう** 目標 〔명〕 목표

모꾸효-

<ruby>今年<rt>ことし</rt></ruby>の<ruby>目標<rt>もくひょう</rt></ruby>は<ruby>大学<rt>だいがく</rt></ruby>に<ruby>受<rt>う</rt></ruby>かることです。

올해 목표는 대학교에 합격하는 것입니다.

も

☑ もじ 文字 　　　　　(명) 문자

모지

日本語の文字はひらがなとカタカナです。

일본어의 문자는 히라가나와 가타카나입니다.

☑ もしかしたら 　　　　　(부) 어쩌면

모시까시따라

もしかしたら、もう終わったかもしれません。

어쩌면, 이미 끝났을지도 모릅니다.

☑ もちあげる 持ち上げる 　　　(동) 들어 올리다, 집어 올리다

모찌아게루

軽く持ち上げるほど、力が強いです。

가볍게 들어 올릴 정도로 힘이 셉니다.

☑ もったいない 　　　　　(い형) 아깝다

못따이나이

努力したらできるのに、もったいないです。

노력하면 할 수 있는데, 아깝습니다.

☑ もと 元・基 　　　　　(명) 기본, 원천, 근원, 근간

모또

この考えの元は誰から出ましたか。

이 생각의 근원은 누구한테서 나왔습니까?

☑ もどす 戻す 　　　　　(동) 돌리다, 되돌리다

모도스

時間を一日前に戻したいです。

시간을 하루 전으로 되돌리고 싶습니다.

☑ **もとめる** 求める   ⓢ 요구하다, 요청하다, 바라다

모또메루

知らない人が助けを求めています。

모르는 사람이 도움을 요청하고 있습니다.

☑ **もやす** 燃やす   ⓢ 불태우다, 피우다

모야스

父が庭で落ち葉を燃やします。

아버지가 마당에서 낙엽을 태웁니다.

☑ **もんく** 文句   ⓜ 불만, 불평

몽꾸

どうやら会社に文句があるらしいです。

아무래도 회사에 불만이 있는 모양입니다.

☑ **やくめ** 役目   ⓜ 역할, 구실, 임무

야꾸메

彼は真面目に役目を果たしました。

그는 성실하게 역할을 다했습니다.

☑ **やくわり** 役割   ⓜ (할당된) 역할, 임무

야꾸와리

どんな役割も完璧にこなしたいです。

어떠한 임무도 완벽하게 해내고 싶습니다.

■ **やけど** 火傷　　　　　(명) 화상

야께도

足に<u>火傷</u>をして、しばらくは<u>歩</u>けません。

다리에 화상을 입어서, 한동안은 걸을 수 없습니다.

■ **やっきょく** 薬局　　　　(명) 약국

약꾜꾸

ここから<u>一番近</u>い<u>薬局</u>はどこですか。

여기서 가장 가까운 약국은 어디입니까?

■ **やとう** 雇う　　　　　(동) 고용하다

야또우

あの<u>店</u>では<u>男</u>の<u>人</u>ばかり<u>雇</u>います。

저 가게에서는 남자만 고용합니다.

■ **やね** 屋根　　　　　(명) 지붕

야네

<u>昨日降</u>った<u>雪</u>が<u>屋根</u>に<u>積</u>もりました。

어제 내린 눈이 지붕에 쌓였습니다.

■ **やぶる** 破る　　　　(동) 찢다, 깨다, 부수다

야부루

<u>妹</u>が<u>私</u>の<u>教科書</u>を<u>破</u>りました。

여동생이 내 교과서를 찢었습니다.

ゆ

☑ **ゆうき** 勇気　　　　　　名 용기

유−끼

もう<ruby>一<rt>いち</rt></ruby><ruby>度<rt>ど</rt></ruby><ruby>勇気<rt>ゆうき</rt></ruby>を<ruby>出<rt>だ</rt></ruby>して<ruby>話<rt>はなし</rt></ruby>をかけます。

한 번 더 용기를 내서 말을 걸겠습니다.

☑ **ゆうしゅうだ** 優秀だ　　な形 우수하다

유−슈−다

<ruby>彼<rt>かれ</rt></ruby>はとても<ruby>優秀<rt>ゆうしゅう</rt></ruby>な<ruby>学生<rt>がくせい</rt></ruby>だそうです。

그는 매우 우수한 학생이라고 합니다.

☑ **ゆうしょう** 優勝　　　　名 우승

유−쇼−

<ruby>二年<rt>にねん</rt></ruby>ぶりの<ruby>大会<rt>たいかい</rt></ruby>で<ruby>優勝<rt>ゆうしょう</rt></ruby>をしました。

2년 만에 나간 대회에서 우승을 했습니다.

☑ **ゆうじょう** 友情　　　　名 우정

유−죠−

ほかの<ruby>友達<rt>ともだち</rt></ruby>より<ruby>友情<rt>ゆうじょう</rt></ruby>が<ruby>深<rt>ふか</rt></ruby>いです。

다른 친구보다 우정이 깊습니다.

☑ **ゆうりだ** 有利だ　　　　な形 유리하다

유−리다

そうした<ruby>方<rt>ほう</rt></ruby>が<ruby>有利<rt>ゆうり</rt></ruby>な<ruby>立場<rt>たちば</rt></ruby>になります。

그렇게 하는 편이 유리한 입장이 됩니다.

☑ **ゆか** 床　　　　　　　　　명 마루, 바닥

유까

<u>床</u>が冷たいときはカーペットを<u>敷</u>いてみなさい。

바닥이 차가울 때는 카펫을 깔아 보세요.

ゆ
よ

☑ **ゆずる** 譲る　　　　　　　동 양보하다, 넘기다

유즈루

<u>今回</u>の<u>奨学金</u>だけは<u>誰</u>にも<u>譲りません</u>。

이번 장학금만은 누구에게도 양보하지 않겠습니다.

☑ **ゆるい** 緩い　　　　　　　い형 느슨하다, 헐렁하다

유루이

<u>少</u>し<u>痩</u>せたら、パンツが<u>緩く</u>なりました。

조금 살이 빠졌더니, 바지가 헐렁해졌습니다.

☑ **ゆるす** 許す　　　　　　　동 용서하다, 허락하다

유루스

<u>両親</u>が<u>旅行</u>に<u>行</u>くのを<u>許して</u>くれません。

부모님이 여행 가는 것을 허락해 주지 않습니다.

☑ **よあけ** 夜明け　　　　　　명 새벽

요아께

<u>夜明け</u>まで<u>試験勉強</u>をしたことがあります。

새벽까지 시험공부를 한 적이 있습니다.

■ よういだ 容易だ　　な형 용이하다, 쉽다

요-이다

もっと簡単で容易な作業はありませんか。

더 간단하고 쉬운 작업은 없습니까?

■ ようきゅう 要求　　명 요구

요-뀨-

その要求は受け入れることができません。

그 요구는 받아들일 수가 없습니다.

■ ようし 用紙　　명 용지

요-시

用紙が足りなくてプリントができません。

용지가 부족해서 프린트를 할 수 없습니다.

■ ようす 様子　　명 모습, 태도, 상태, 상황

요-스

お金がなくて、困っている様子です。

돈이 없어서 난처해져 있는 상황입니다.

■ ようりょう 要領　　명 요령

요-료-

要領を教えてくれて、すぐ終わりました。

요령을 가르쳐 줘서 금방 끝났습니다.

■ よごす 汚す　　동 더럽히다

요고스

ごみを捨てて、川を汚しています。

쓰레기를 버려서 강을 더럽히고 있습니다.

☑ **よさん** 予算　　　　**명** 예산

요상

本格的に予算を立ててみましょう。

본격적으로 예산을 세워 봅시다.

☑ **よなか** 夜中　　　　**명** 밤중

요나까

夜中には雷まで鳴るそうです。

밤중에는 천둥까지 친다고 합니다.

よ

☑ **よぼう** 予防　　　　**명** 예방

요보-

火災を予防するために訓練をします。

화재를 예방하기 위해 훈련을 합니다.

☑ **よゆう** 余裕　　　　**명** 여유

요유-

車に一人くらい乗せる余裕はあります。

차에 1명 정도 태울 여유는 있습니다.

☑ **よる** 因る　　　　**동** 의하다, 준하다

요루

あの教授は実験に因る研究をします。

저 교수는 실험에 의한 연구를 합니다.

り

☑ **りかい** 理解　　(명) 이해

리까이

まだ<u>理解</u>できない<ruby>人<rt>ひと</rt></ruby>は<ruby>手<rt>て</rt></ruby>をあげてください。

아직 이해되지 않는 사람은 손을 들어 주세요.

☑ **りこうだ** 利口だ　　(な형) 영리하다, 똑똑하다

리꼬ー다

<ruby>彼女<rt>かのじょ</rt></ruby>は<ruby>利口<rt>りこう</rt></ruby>で<ruby>真面目<rt>まじめ</rt></ruby>な<ruby>人<rt>ひと</rt></ruby>だそうです。

그녀는 똑똑하고 성실한 사람이라고 합니다.

☑ **りょう** 量　　(명) 양

료ー

このくらいの<ruby>量<rt>りょう</rt></ruby>では<ruby>足<rt>た</rt></ruby>りないでしょう。

이 정도의 양으로는 부족할 것입니다.

☑ **りょうきん** 料金　　(명) 요금

료ー낑

そこまで<ruby>一番安<rt>いちばんやす</rt></ruby>い<ruby>料金<rt>りょうきん</rt></ruby>はいくらですか。

그곳까지 가장 싼 요금은 얼마입니까?

る

るすばん 留守番　㊔ 부재중, 집을 지킴

루스방

うちに誰(だれ)もいなくて、留守番(るすばん)をしています。

집에 아무도 없어서, 집을 지키고 있습니다.

れ

れい 例　㊔ 예, 전례

레ー

説明(せつめい)のほかに、ひとつ例(れい)をあげてみます。

설명 외에 한 가지 예를 들어 보겠습니다.

れいせいだ 冷静だ　(な형) 냉정하다, 차갑다

레ー세ー다

冷静(れいせい)に考(かんが)えてみた後(あと)で、決(き)めてください。

냉정하게 생각해 본 후에 결정해 주세요.

ろ

☑ **ろうじん** 老人　　　　　　　명 노인

로-징

公園に老人たちが集まっています。

공원에 노인들이 모여 있습니다.

☑ **ろうどう** 労働　　　　　　　명 노동

로-도-

きつい労働をしたら、病気になります。

힘든 노동을 하면 병에 걸립니다.

☑ **ろくおんする** 録音する　　동 녹음하다

로꾸온스루

録音した内容に間違いはありません。

녹음한 내용에 잘못된 곳은 없습니다.

☑ **ろんじる** 論じる　　　　　동 논하다

론지루

案件について論じることが残っています。

안건에 대해 논할 것이 남아 있습니다.

☑ **ろんぶん** 論文　　　　　　　명 논문

롬붕

いよいよ来週には論文ができあがります。

드디어 다음 주에는 논문이 완성됩니다.

わ

☑ **わがままだ** 　　　(な형) 제멋대로다, 버릇없다

와가마마다

わがままな息子のことで、頭が痛いです。

버릇없는 아들 때문에 머리가 아픕니다.

☑ **わかれ** 別れ 　　　(명) 이별, 헤어짐

와까레

彼との別れは一生忘れられないでしょう。

그와의 이별은 평생 잊을 수 없을 것입니다.

☑ **わける** 分ける 　　　(동) 나누다

와께루

量が多いから、半分に分けてあげます。

양이 많으니까 절반으로 나눠 주겠습니다.

☑ **わざと** 　　　(부) 일부러, 고의로

와자또

わざと彼の服にジュースをこぼしました。

일부러 그의 옷에 주스를 쏟았습니다.

☑ **わだい** 話題 　　　(명) 화제

와다이

最近話題になっている記事は何ですか。

요즘 화제가 되고 있는 기사는 무엇입니까?

ろ

わ

☑ **わりと**

와리또

(부) 비교적, 생각보다

<u>わりと</u>部屋も広いし、駅も近いです。

비교적 방도 넓고 역도 가깝습니다.

☑ **わる** 割る

와루

(동) 나누다, 쪼개다, 깨뜨리다

チョコレートを三つに<u>割って</u>食べました。

초콜릿을 3개로 쪼개서 먹었습니다.

☑ **わるくち** 悪口

와루꾸찌

(명) 욕, 험담

人の<u>悪口</u>をする癖があって嫌いです。

남의 험담을 하는 버릇이 있어서 싫어합니다.

ア

☑ **アイスクリーム**　　（명）아이스크림(icecream)

아이스꾸리-무

<u>アイスクリーム</u>を食べ過ぎて、お腹が痛いです。

아이스크림을 너무 많이 먹어서 배가 아픕니다.

☑ **アイロン**　　（명）다리미(iron)

아이롱

洗濯したシャツに<u>アイロン</u>をかけています。

세탁한 셔츠에 다리미질을 하고 있습니다.

☑ **アクセント**　　（명）악센트(accent), 강세

악쎈또

<u>アクセント</u>を間違えると、違う意味になります。

악센트를 잘못 말하면 다른 뜻이 됩니다.

☑ **アルバム**　　（명）앨범(album)

아루바무

<u>アルバム</u>を見ながら、小さい頃を思い出します。

앨범을 보면서 어렸을 때를 떠올립니다.

イ

■ **イメージ**　　　　　　　　　명 이미지(image)

이메-지

彼は優等生という<u>イメージ</u>を持っています。

그는 우등생이라는 이미지를 가지고 있습니다.

■ **インク**　　　　　　　　　명 잉크(ink)

잉꾸

紙の上に<u>インク</u>をこぼして使えなくなりました。

종이 위에 잉크를 흘려서 쓸 수 없게 되었습니다.

ウ

■ **ウイスキー**　　　　　　　명 위스키(whisky)

우이스끼-

<u>ウイスキー</u>はあまりにも強くて飲みません。

위스키는 너무나도 독해서 마시지 않습니다.

■ **ウール**　　　　　　　　　명 울(wool), 양모

우-루

セーターの素材が<u>ウール</u>で暖かいです。

스웨터의 소재가 울이라서 따뜻합니다.

#

イ
ウ
エ
オ

☑ **エネルギー**　　　　(명) 에너지(energy), 힘

에네루기-
私_{わたし}も年_{とし}をとって、エネルギーが減_へりました。
나도 나이가 들어서 에너지가 줄어들었습니다.

☑ **エンジン**　　　　(명) 엔진(engine)

엔징
車_{くるま}のエンジンが古_{ふる}くて、よく故障_{こしょう}します。
자동차의 엔진이 낡아서 자주 고장이 납니다.

#

☑ **オイル**　　　　(명) 오일(oil), 기름

오이루
車_{くるま}のオイルが切_きれて、突然_{とつぜん}止_とまりました。
자동차의 오일이 떨어져서 갑자기 멈추었습니다.

☑ **オフィス**　　　　(명) 오피스(office), 사무실

오휘스
オフィスにある机_{つくえ}の位置_{いち}を変_かえたいです。
사무실에 있는 책상의 위치를 바꾸고 싶습니다.

369

☑ **オリンピック**　　　🅜 올림픽(Olympic)

오림삑꾸

<u>オリンピック</u>とは四年に一度開かれます。
<small>よ ねん</small> <small>いち ど ひら</small>

올림픽이라는 것은 4년에 한 번 열립니다.

☑ **オレンジ**　　　🅜 오렌지(orange)

오렌지

新鮮な<u>オレンジ</u>の香りがとてもいいです。
<small>しんせん</small> <small>かお</small>

신선한 오렌지의 향기가 너무 좋습니다.

☑ **カー**　　　🅜 카(car), 차

카ー

彼は高価なスポーツ<u>カー</u>を持っています。
<small>かれ</small> <small>こう か</small> <small>も</small>

그는 값비싼 스포츠 카를 가지고 있습니다.

☑ **カード**　　　🅜 카드(card)

카ー도

この<u>カード</u>は期限が切れて使えません。
<small>き げん</small> <small>き</small> <small>つか</small>

이 카드는 기한이 끝나서 사용할 수 없습니다.

☑ **カバー**　　　🅜 커버(cover), 덮개

카바ー

ほこりがつかないように<u>カバー</u>をかけました。

먼지가 묻지 않도록 커버를 씌웠습니다.

☑ **カラー**
　　　　　　　　　　（명）칼라(color), 색상

카라-

明るい<u>カラー</u>にした方が似合います。

밝은 칼라로 하는 편이 어울립니다.

☑ **キャンパス**
　　　　　　　　　　（명）캠퍼스(campus), 대학교 교정

캼빠스

<u>キャンパス</u>が広くて、講義室まで遠いです。

캠퍼스가 넓어서 강의실까지 멉니다.

☑ **キャンプ**
　　　　　　　　　　（명）캠프(camp), 숙소

캼뿌

先輩たちと<u>キャンプ</u>に行くことになりました。

선배들과 캠프를 가게 되었습니다.

☑ **グラス**
　　　　　　　　　　（명）글래스(glass), 유리잔

구라스

テーブルに大きい<u>グラス</u>が置いてあります。

테이블에 큰 유리잔이 놓여져 있습니다.

カ
キ
ク

☑ クリーム　　　　　　　명 크림(cream)

쿠리-무

肌がかさかさして、クリームを塗りました。

피부가 까칠까칠해서 크림을 발랐습니다.

☑ クリスマス　　　　명 크리스마스(christmas)

쿠리스마스

去年のクリスマスには雪が降りませんでした。

작년 크리스마스에는 눈이 내리지 않았습니다.

☑ グループ　　　　　　명 그룹(group)

구루-뿌

あのグループの人たちは実力が低いです。

저 그룹의 사람들은 실력이 낮습니다.

☑ ケース　　　　　명 케이스(case), 상자, 경우

케-스

あそこにあるケースに入れてください。

저기 있는 케이스에 넣어 주세요.

☑ ゲーム　　　　　명 게임(game), 놀이

게-무

ゲームに負けてしまって悔しいです。

게임에 지고 말아서 분합니다.

コ

☑ **コース**   명 코스(course)

コース

どの<u>コース</u>を選んでも値段は同じです。

어느 코스를 선택해도 가격은 똑같습니다.

☑ **コック**   명 요리사(cook)

콕꾸

このレストランの<u>コック</u>は有名な人です。

이 레스토랑의 요리사는 유명한 사람입니다.

☑ **ゴム**   명 고무(gom (네))

고무

この手袋は<u>ゴム</u>で作られて、よく伸びます。

이 장갑은 고무로 만들어져서 잘 늘어납니다.

☑ **コンクール**   명 콩쿠르(concours (프))

콩꾸-루

<u>コンクール</u>に参加するために日本へ行きます。

콩쿠르에 참가하기 위해 일본에 갑니다.

ケ

コ

373

サ

☑ **サークル**　　　　　명 서클(circle), 특별활동

사-쿠루

今年は釣りをするサークルに入りました。

올해는 낚시를 하는 서클에 들어갔습니다.

☑ **サービス**　　　　　명 서비스(service)

사-비스

親切なサービスをする店は人気があります。

친절한 서비스를 하는 가게는 인기가 있습니다.

☑ **サイン**　　　　　명 사인(sign), 서명

사잉

最後のページにサインをしてください。

마지막 페이지에 사인을 해 주세요.

シ

☑ **シーツ**　　　　　명 시트(sheet)

시-쯔

シーツが汚くて、新しいのに変えました。

시트가 더러워서 새것으로 바꾸었습니다.

▱ **ジーンズ**　　　　　　（명）청바지(jeans)

지-인즈

出^でかけるときに<u>ジーンズ</u>をはきますか。

외출할 때 청바지를 입습니까?

▱ **ジュース**　　　　　　（명）주스(juice)

쥬-스

のどが乾^{かわ}いたから、冷^{つめ}たい<u>ジュース</u>にします。

목이 마르니까, 시원한 주스로 하겠습니다.

▱ **ショップ**　　　　　　（명）숍(shop), 가게, 상점

숍뿌

種類^{しゅるい}が多^{おお}い<u>ショップ</u>にも行^いってみましょう。

종류가 많은 가게에도 가 봅시다.

▱ **スープ**　　　　　　（명）스프(soup)

스-뿌

<u>スープ</u>が冷^さめて、このままでは食^たべられません。

스프가 식어서 이대로는 먹을 수 없습니다.

▱ **スカーフ**　　　　　　（명）스카프(scarf)

스카-후

派手^{はで}なデザインの<u>スカーフ</u>がほしいです。

화려한 디자인의 스카프를 갖고 싶습니다.

サ
シ
ス

☑ **スキー**　　　　　　　　　명 스키(ski)

스끼-

冬には友だちとスキーをしに行きます。

겨울에는 친구와 스키를 타러 갑니다.

☑ **スケート**　　　　　　　명 스케이트(skate)

스께-또

今もスケートをするのが怖いです。

지금도 스케이트를 타는 것이 무섭습니다.

☑ **スター**　　　　　　　　명 스타(star), 별

스따-

スターというのは星を意味する英語です。

스타라는 말은 별을 뜻하는 영어입니다.

☑ **スタート**　　　　　　　명 스타트(start), 시작

스따-또

ここの反対側がスタートする地点です。

이곳의 반대편이 스타트하는 지점입니다.

☑ **スタイル**　　　　　　　명 스타일(style)

스따이루

あの人のようなスタイルは嫌いです。

저 사람과 같은 스타일은 싫습니다.

☑ **スタンド**　　　　　　　명 스탠드(stand)

스딴도

勉強するときはスタンドをつけてします。

공부할 때는 스탠드를 켜고 합니다.

☑ **ストップ** 　　　　　명 스톱(stop), 멈춤

스똡뿌

これ以上^{いじょう}のダイエットは**ストップ**してください。

더 이상의 다이어트는 스톱해 주세요.

☑ **スピード** 　　　　　명 스피드(speed), 속도

스삐ー도

もっとアクセルを踏^ふんで**スピード**を出^だしなさい。

더 액셀을 밟아서 스피드를 내세요.

☑ **セット** 　　　　　명 세트(set)

셋또

ハンバーガーを**セット**で注文^{ちゅうもん}したらいくらですか。

햄버거를 세트로 주문하면 얼마입니까?

☑ **センター** 　　　　　명 센터(center)

센따ー

あの**センター**は建物^{たてもの}が古^{ふる}くて汚^{きたな}いです。

저 센터는 건물이 오래되어 지저분합니다.

セ

ソ

☑ **ソファー**　　　　　　　　명 소파(sofa)

소화ー

兄は<u>ソファー</u>に座ってテレビを見ます。

형(오빠)은 소파에 앉아 텔레비전을 봅니다.

タ

☑ **タイヤ**　　　　　　　　명 타이어(tire)

타이야

走っている途中に<u>タイヤ</u>がパンクしました。

달리고 있는 도중에 타이어가 펑크났습니다.

☑ **ダイヤル**　　　　　　　　명 다이얼(dial)

다이야루

昔は電話機の<u>ダイヤル</u>を回してかけました。

예전에는 전화기의 다이얼을 돌려서 걸었습니다.

☑ **タオル**　　　　　　　　명 타월(towel), 수건

타오루

<u>タオル</u>が濡れて、手を拭くことができません。

타월이 젖어서 손을 닦을 수가 없습니다.

378

チ
テ

☑ **チーズ** 　　　　　　　명 치즈(cheese)

치-즈

<u>チーズ</u>が入っているパンが好きです。

치즈가 들어 있는 빵을 좋아합니다.

☑ **チーム** 　　　　　　　명 팀(team)

치-무

あの<u>チーム</u>は練習時間が足りなかったです。

저 팀은 연습시간이 부족했습니다.

☑ **チャンス** 　　　　　　　명 찬스(chance), 기회

챤스

<u>チャンス</u>はあるから、諦めないでください。

기회는 있으니까 포기하지 마세요.

☑ **デート** 　　　　　　　명 데이트(date), 만남

데-또

どんなに忙しくても<u>デート</u>はします。

아무리 바빠도 데이트는 합니다.

ソ
タ

379

☑ テーマ

명 테마(theme), 주제

테ー마

今回のテーマは難しくて理解できません。

이번 테마는 어려워서 이해할 수 없습니다.

☑ テント

명 텐트(tent)

텐또

外が寒いから、テントの中に入りなさい。

바깥이 추우니까, 텐트 안으로 들어가세요.

☑ トップ

명 톱(top), 정상

톱뿌

彼女の日本語の実力はトップです。

그녀의 일본어 실력은 톱(최고)입니다.

☑ ドライブ

명 드라이브(drive)

도라이부

落ち込んでいるときはドライブをします。

우울할 때는 드라이브를 합니다.

☑ ドラマ

명 드라마(drama)

도라마

そのドラマはハッピーエンドで終わりました。

그 드라마는 해피엔드로 끝났습니다.

☑ **ドレス** 명 드레스(dress)

도레스

こんなに素敵なドレスは初めて着ます。

이렇게 멋진 드레스는 처음 입습니다.

☑ **ナンバー** 명 넘버(number), 숫자

남바-

ここに書いてあるナンバーは何ですか。

여기에 쓰여 있는 넘버는 무엇입니까?

☑ **パーセント** 명 퍼센트(percent), 확률

파-센또

豚肉は何パーセントで割引していますか。

돼지고기는 몇 퍼센트로 할인하고 있습니까?

☑ **パーティー** 명 파티(party)

파-띠-

パーティーには忙しくて参席できません。

파티에는 바빠서 참석할 수 없습니다.

☑ バイオリン

명 바이올린(violin)

바이오링

<u>バイオリン</u>を弾いているときが一番幸せです。

바이올린을 켜고 있을 때가 가장 행복합니다.

☑ パイプ

명 파이프(pipe)

파이뿌

これより穴が大きい<u>パイプ</u>が必要です。

이것보다 구멍이 큰 파이프가 필요합니다.

☑ バッグ

명 백(bag), 가방

박구

<u>バッグ</u>の中には雑誌しか入っていません。

가방 안에는 잡지밖에 들어있지 않습니다.

☑ パンツ

명 팬츠(pants), 바지

판쯔

<u>パンツ</u>が緩いから、一つ下のサイズをください。

바지가 헐렁하니까 하나 아래 사이즈를 주세요.

☑ ハンドル

명 핸들(handle), 운전대

한도루

方向を変えたいときは<u>ハンドル</u>を回します。

방향을 바꾸고 싶을 때는 핸들을 돌립니다.

ヒ

☑ **ビール**　　　　　　　(명) 맥주(beer)

비-루

暑い夏には冷たいビールがよく売れます。

무더운 여름에는 시원한 맥주가 잘 팔립니다.

☑ **ビデオ**　　　　　　　(명) 비디오(video)

비데오

暇なときはビデオを見る時もあります。

한가할 때는 비디오를 볼 때도 있습니다.

☑ **ビニール**　　　　　　(명) 비닐(vinyl)

비니-루

この袋はビニールだから、重いのはだめです。

이 봉지는 비닐이라서 무거운 것은 안 됩니다.

☑ **ピン**　　　　　　　　(명) 핀(pin)

핑

位置を固定させるためにピンをさしました。

위치를 고정시키기 위해 핀을 꽂았습니다.

☑ **ピンク**　　　　　　　(명) 핑크(pink), 분홍

핑꾸

私は色の中でピンクが一番好きです。

나는 색깔 중에서 핑크를 가장 좋아합니다.

383

フ

☑ **フライパン**　　　　　　明 프라이팬(frypan)

후라이빵

<u>フライパン</u>に油を入れてから始めてください。

프라이팬에 기름을 넣은 후에 시작해 주세요.

☑ **ブラウス**　　　　　　明 블라우스(blouse)

부라우스

レースがついている<u>ブラウス</u>がほしいです。

레이스가 달려 있는 블라우스를 사고 싶습니다.

☑ **フリー**　　　　　　明 프리(free), 자유

후리-

両親と離れて、<u>フリー</u>に暮らしたいです。

부모님과 떨어져서 자유롭게 살고 싶습니다.

☑ **プリント**　　　　　　明 프린트(print), 복사물

푸린또

先生からもらった<u>プリント</u>を無くしました。

선생님한테 받은 프린트를 잃어버렸습니다.

☑ **プロ**　　　　　　明 프로(pro), 전문가

푸로

ある分野において<u>プロ</u>になるのは難しいです。

어떤 분야에 있어서 프로가 되는 것은 어렵습니다.

☑ ベルト
(명) 벨트(belt), 혁대

베루또

腰のところが緩くて、ベルトを締めました。

허리 부분이 헐렁해서 벨트를 매었습니다.

☑ ペンキ
(명) 페인트(paint)

펭끼

ペンキを塗るときは注意してください。

페인트를 칠할 때는 주의해 주세요.

☑ ベンチ
(명) 벤치(bench)

벤찌

木で作ったベンチは壊れる場合もあります。

나무로 만든 벤치는 부서지는 경우도 있습니다.

フ
ヘ
ホ

☑ ボート
(명) 보트(boat)

보ー또

湖に行って、ボートに乗ったことがあります。

호수에 가서 보트를 탄 적이 있습니다.

☑ **ホーム** 　　　　　　　　명 플랫폼(platform)

호-무

<ruby>次<rt>つぎ</rt></ruby>の<ruby>列車<rt>れっしゃ</rt></ruby>は<ruby>二番<rt>にばん</rt></ruby><u>ホーム</u>に<ruby>到着<rt>とうちゃく</rt></ruby>します。

다음 열차는 2번 홈에 도착합니다.

☑ **ボール** 　　　　　　　　명 볼(ball), 공

보-루

<ruby>人<rt>ひと</rt></ruby>に<ruby>向<rt>む</rt></ruby>かって<u>ボール</u>を<ruby>投<rt>な</rt></ruby>げてはいけません。

사람을 향해 볼을 던져서는 안 됩니다.

☑ **マイク** 　　　　　　　　명 마이크(microphone)

마이꾸

<ruby>声<rt>こえ</rt></ruby>が<ruby>小<rt>ちい</rt></ruby>さいから、<u>マイク</u>を<ruby>使<rt>つか</rt></ruby>って<ruby>話<rt>はな</rt></ruby>しなさい。

목소리가 작으니까 마이크를 사용하여 말하세요.

☑ **マイナス** 　　　　　　　명 마이너스(minus), 영하

마이나스

<ruby>真冬<rt>まふゆ</rt></ruby>には<ruby>気温<rt>きおん</rt></ruby>が<u>マイナス</u>まで<ruby>下<rt>さ</rt></ruby>がります。

한겨울에는 기온이 영하까지 내려갑니다.

☑ **マスク** 　　　　　　　　명 마스크(mask), 가면

마스꾸

<ruby>咳<rt>せき</rt></ruby>がひどいときは<u>マスク</u>をしてください。

기침이 심할 때는 마스크를 해 주세요.

■ **マフラー** (명) 머플러(muffler), 목도리

마후라ー

<ruby>母<rt>はは</rt></ruby>が<ruby>首<rt>くび</rt></ruby>に<u>マフラー</u>を<ruby>巻<rt>ま</rt></ruby>いてくれました。

엄마가 목에 목도리를 둘러 주었습니다.

■ **ママ** (명) 마마(mama), 엄마

마마

<ruby>日本<rt>にほん</rt></ruby>の<ruby>子供<rt>こども</rt></ruby>たちは<ruby>母<rt>はは</rt></ruby>を<u>ママ</u>と<ruby>呼<rt>よ</rt></ruby>びます。

일본의 아이들은 엄마를 '마마'라고 부릅니다.

■ **ミス** (명) 미스(miss), 실수, 잘못

미스

<ruby>誰<rt>だれ</rt></ruby>が<ruby>見<rt>み</rt></ruby>ても、<ruby>彼<rt>かれ</rt></ruby>の<u>ミス</u>に<ruby>違<rt>ちが</rt></ruby>いありません。

누가 보아도 그의 실수임에 틀림없습니다.

■ **ミルク** (명) 밀크(milk), 우유

미루꾸

<ruby>毎朝<rt>まいあさ</rt></ruby><u>ミルク</u>を<ruby>飲<rt>の</rt></ruby>んで、<ruby>学校<rt>がっこう</rt></ruby>へ<ruby>行<rt>い</rt></ruby>きます。

매일 아침 우유를 마시고 학교에 갑니다.

メ

☑ **メール**　　　　　　　　⠀명 메일(mail), 전자우편

메-루

久^{ひさ}しぶりに友^{とも}だちからメールが届^{とど}いています。

오래간만에 친구로부터 메일이 도착해 있습니다.

☑ **メニュー**　　　　　　　명 메뉴(menu)

메뉴-

この店^{みせ}はメニューが少^{すく}なくて、すぐ注文^{ちゅうもん}できます。

이 가게는 메뉴가 적어서 바로 주문할 수 있습니다.

☑ **メモ**　　　　　　　　　명 메모(memo)

메모

重要^{じゅうよう}なことなら、こちらにメモを残^{のこ}してください。

중요한 것이라면 여기에 메모를 남겨 주세요.

モ

☑ **モーター**　　　　　　　명 모터(motor)

모-따-

モーターの性能^{せいのう}がよくて、とても満足^{まんぞく}しています。

모터의 성능이 좋아서 매우 만족하고 있습니다.

☑ **モデル**　　　　　　　명 모델(model)

모데루

ファッションショーの**モデル**は背_せが高_{たか}いです。
패션쇼의 모델은 키가 큽니다.

☑ **ヨット**　　　　　　　명 요트(yacht)

욧또

ヨットに乗_のってみた経験_{けいけん}は全然_{ぜんぜん}ありません。
요트를 타 본 경험은 전혀 없습니다.

☑ **ライター**　　　　　　명 라이터(lighter)

라이따-

ちょっと**ライター**を貸_かしてもらえますか。
잠깐 라이터 좀 빌려 주시겠습니까?

☑ **ラケット**　　　　　　명 라켓(racket)

라켓또

ボールが飛_とんできて、**ラケット**で打_うちました。
볼이 날아와서 라켓으로 쳤습니다.

389

☑ **ランチ**　　　명 런치(lunchc), 점심

란찌

今日の<u>ランチ</u>は何にするか、決めていません。

오늘 런치는 무엇으로 먹을지 정하지 않았습니다.

☑ **リズム**　　　명 리듬(rhythm)

리즈무

<u>リズム</u>に合せて踊りを踊ってみましょう。

리듬에 맞추어 춤을 추어 봅시다.

☑ **リボン**　　　명 리본(ribbon)

리봉

私のかばんには赤い<u>リボン</u>がついています。

내 가방에는 빨간 리본이 달려 있습니다.

☑ **レベル**　　　명 레벨(level)

레베루

実力を認められて、<u>レベル</u>が上がりました。

실력을 인정받아서 레벨이 올라갔습니다.

□ **レンズ**　　　　　　　명 렌즈(lens)

렌즈

カメラを落として、レンズが割れました。

카메라를 떨어뜨려서 렌즈가 깨졌습니다.

ロ

□ **ロケット**　　　　　명 로켓(rocket)

로껫또

おもちゃでロケットを組み立てています。

장난감으로 로켓을 조립하고 있습니다.

□ **ロビー**　　　　　　명 로비(lobby)

로비−

終わるまでロビーで待つつもりです。

끝날 때까지 로비에서 기다릴 작정입니다.

ワ

□ **ワイシャツ**　　　　명 와이셔츠(Y shirts)

와이샤쯔

夏には半袖のワイシャツを着ます。

여름에는 반소매 와이셔츠를 입습니다.

ロ

ワ

リ

☑ **ワイン**　　　　　　　　　명 와인(wine), 포도주

와잉

__ワイン__は高いから、ビールを飲みましょう。

와인은 비싸니까 맥주를 마십시다.

☑ **ワンピース**　　　　　　명 원피스(one piece)

왐삐-스

__ワンピース__の長さが短くて気になります。

원피스의 길이가 짧아서 신경이 쓰입니다.

1 다음 단어에 해당하는 뜻을 서로 연결하세요.

(1) いたむ   •

(2) せっかく   •

(3) あきる   •

(4) どうせ   •

(5) かなねる   •

(6) ふさぐ   •

(7) きづく   •

(8) なぐさめる   •

(9) くりかえす   •

(10) むすぶ   •

(11) たよる   •

(12) かなり   •

• ① 묶다, 연결하다

• ② 겹치다, 포개다

• ③ 알아차리다

• ④ 아프다

• ⑤ 반복하다

• ⑥ 모처럼

• ⑦ 어차피

• ⑧ 질리다, 싫증내다

• ⑨ 막다, 가리다

• ⑩ 위로하다

• ⑪ 꽤, 상당히

• ⑫ 의지하다, 기대다

해답

(1) ④	(2) ⑥	(3) ⑧	(4) ⑦	(5) ②	(6) ⑨
(7) ③	(8) ⑩	(9) ⑤	(10) ①	(11) ⑫	(12) ⑪

2 다음 한자에 해당하는 읽는 법을 보기에서 고르세요.

(1) 確認

　①はくにん　　　②かくにん　　　③がくにん

(2) 湿度

　①しっと　　　　②しつと　　　　③しつど

(3) 相手

　①あいて　　　　②そうて　　　　③あいしゅ

(4) 当然

　①とうねん　　　②とうぜん　　　③どうぜん

(5) 一生

　①いちせい　　　②いっせい　　　③いっしょう

(6) 評判

　①ひょうはん　　②ひょうばん　　③ひょうばん

(7) 看板

①かんばん　　②かんぱん　　③がんばん

(8) 作業

①さくぎょう　　②さきょう　　③さぎょう

(9) 逮捕

①たいほ　　②たいぼ　　③たいほう

(10) 往復

①おうぶく　　②おうふく　　③おふく

(11) 症状

①じょうしょう　　②しょうしょう　　③しょうじょう

(12) 講義

①こうぎ　　②きょうぎ　　③こうい

해답
(7) ②　　(8) ③　　(9) ①　　(10) ②　　(11) ③　　(12) ①

3 다음 외래어에 해당하는 가타카나를 보기에서 고르세요.

(1) 요트

    ① ヨト   ② ヨット   ③ ヨート

(2) 에너지

    ① エネルギー   ② エナジー   ③ エネルギ

(3) 스카프

    ① スカプ   ② スカフー   ③ スカーフ

(4) 모터

    ① モーター   ② モートー   ③ モター

(5) 게임

    ① ゲイム   ② ゲーム   ③ ゲム

(6) 오피스

    ① オピス   ② オフィス   ③ オフィース

해답

(1) ②   (2) ①   (3) ③   (4) ①   (5) ②   (6) ②

(7) 메일

　　①メイル　　　　②マイル　　　　③メール

(8) 이미지

　　①イメージ　　　②イメジ　　　　③イメジー

(9) 타이어

　　①タイア　　　　②タイヤ　　　　③ダイヤ

(10) 페인트

　　①ペンキ　　　　②ペインキ　　　③ペーンキ

(11) 머플러

　　①マプラ　　　　②マフラー　　　③マフラ

(12) 맥주

　　①ビル　　　　　②ビア　　　　　③ビール

해답

(7) ③　　(8) ①　　(9) ②　　(10) ①　　(11) ②　　(12) ③

4 다음 문장에 해당하는 단어를 보기에서 고르세요.

> ①それとも　　　②苦しいです　　　③捨てますか
> ④利口で　　　　⑤面倒くさい

(1) 귀찮은 일이라면 거절하고 싶습니다.
　　(　　　)ことなら、断りたいです。

(2) 맥주를 마시겠습니까, 아니면 소주를 마시겠습니까?
　　ビールを飲みますか、(　　　)焼酎を飲みますか。

(3) 그녀는 똑똑하고 성실한 사람이라고 합니다.
　　彼女は(　　　)真面目な人だそうです。

(4) 열심히 노력해도 성적이 떨어져서 괴롭습니다.
　　頑張っても成績が落ちて(　　　)。

(5) 아직 충분히 쓸 수 있는데, 왜 버립니까?
　　まだ十分使えるのに、なぜ(　　　)。

해답

(1)⑤　　　(2)①　　　(3)④　　　(4)②　　　(5)③

일본의 PC방

우리나라와 마찬가지로 일본에도 PC방이 있다. インターネット・カフェ (인터넷 카페)라고 부르는데 보통 줄여서 ネットカフェ라고 한다. 우리나라와 다른 점은 컴퓨터만 이용하는 것이 아니라 만화책도 읽을 수 있다는 점이다. 또한, 개인실이란 곳도 있어서 밤 11시 이후에는 그곳에서 컴퓨터도 하고 만화도 읽고 식사와 음료도 해결하면서 샤워까지도 할 수 있다고 한다. 인터넷과 관련된 어휘는 다음과 같다.

サイト	사이트
ホームページ	홈페이지
ログイン・ログアウト	로그인 / 로그아웃
メールアドレス	메일 주소
パスワード	패스워드
写(しゃ)メール	사진 메일
受信箱(じゅしんばこ)	받은 편지함
送信箱(そうしんばこ)	보낸 편지함

memo